一本书读懂系列

走遍华夏

一本书读懂

中国古城

姜正成◎主编

中国财富出版社

图书在版编目（CIP）数据

走遍华夏：一本书读懂中国古城/姜正成主编. —北京：中国财富出版社，2016.3

（一本书读懂系列）

ISBN 978-7-5047-5996-2

Ⅰ.①走… Ⅱ.①姜… Ⅲ.①古城–介绍–中国–古代–通俗读物

Ⅳ.①K928.5–49

中国版本图书馆 CIP 数据核字（2015）第 305324 号

| 策划编辑 | 张彩霞 | 责任编辑 | 白 昕 杨 曦 | | |
| 责任印制 | 方朋远 | 责任校对 | 杨小静 | 责任发行 | 邢小波 |

出版发行	中国财富出版社		
社　　址	北京市丰台区南四环西路 188 号 5 区 20 楼	邮政编码	100070
电　　话	010-52227568（发行部）	010-52227588 转 307（总编室）	
	010-68589540（读者服务部）	010-52227588 转 305（质检部）	
网　　址	http://www.cfpress.com.cn		
经　　销	新华书店		
印　　刷	北京晨旭印刷厂		
书　　号	ISBN 978-7-5047-5996-2 / K·0203		
开　　本	710mm×1000mm　1/16	版　次	2016 年 3 月第 1 版
印　　张	17.75	印　次	2016 年 3 月第 1 次印刷
字　　数	213 千字	定　价	38.00 元

前 言

　　中国是一个历史悠久的文明古国，许多城市都曾作为古代政治、经济、文化中心，有着丰富的历史文化底蕴。这些历史文化名城保留了大量的文物与革命遗产，体现了中华民族的悠久历史和灿烂文化。

　　五千年的历史，五千年的文化，五千年的风雨，铸就了中国的文化名城，如同天上的繁星，不管是过去、现在还是将来都闪耀着永恒的光芒。一处断墙、一片废墟、一座宫殿、一座园林演绎出来的生存与死亡、悲壮与辉煌、婉约与豪迈的故事，让人激动，让人感奋，也让人沉思……

　　城市是人类所创造的最美妙、最高级、最复杂而又最深刻的产物。每一座城市都是一个有生命的有机体，一座城市如果没有历史，没有古建筑，那它也就没有韵味，没有厚度。假如苏州没有古典园林，杭州没有西湖，南京拆去了古城墙，这些城市都将黯然失色。城市的历史如同一个人的记忆，破坏了它的历史，就等于删除一个人的记忆，也就失去了存在依据，失去了意义。

　　当然，保护文物古建，不能简单理解为保护那几座房子。20世纪

50 年代梁思成曾说过："构成整个北京的表面现象是它的许多不同的建筑物，那显著而美丽的历史文物……它们是个别的建筑类型，也是个别的艺术杰作……但是，最重要的还是这种类型、各个或各组建筑物的全部配合，它们与北京的全盘计划的关系……"对保护与建设的关系，他说："一面重文物及历史传统，一面估计社会的发展方向"，要注意"对文物及社会新发展两方面的顾全"。这些思想对今天的我们仍然重要。一个民族如何爱护他们的古城，反映了这个民族的智慧和文化品位。

1982 年起，"历史文化名城"的概念被正式提出，截至 2013 年年底，国家已将 123 座城市列为中国历史文化名城，并对这些城市的文化遗迹进行了重点保护。

对于中国这样一个历史悠久、古迹众多的国家来说，123 这个数字并不算多。中国的现代化进程实在太快了，在全国各地的轰轰烈烈的造城运动中，很多文物古建惨遭拆除，还有很多古迹命悬一线。有识之士痛心疾首，发出抢救的呼唤。但一边是"拆古"，一边却又在大张旗鼓地"仿古"，大量丑陋粗糙的假古建耸立起来。这不能不说是当代中国的一大怪现状。

本书所介绍的城市，均来自国家公布的 123 座历史文化名城，以行政区划为章。限于篇幅，择其要者，有所舍弃。愿它能带你逐步领略华夏大地众多名城的魅力。

目 录
Contents

第三章　华中历史名城

第四章　华东历史名城

第五章 华南历史名城

第六章 东北历史名城

第七章 西北历史名城

第八章 西南历史名城

第九章 中国地理概况与地域文化

第一章

话说北京

北京的历史

北京是人类最早居住的地方之一。五十万年前，被称为"北京人"，也就是"中国猿人"的原始人群，就是居住在这里的。

从建都的历史看，北京也是最早的建都城市之一。早在殷商时代，北京就是古燕国的都城古蓟城的所在地了。春秋时期，燕国仍以蓟城为都城，并加以扩建。战国时的燕都蓟城是当时"富冠天下"的名城之一。

秦统一六国后，北京作为诸侯国都城的历史也随之结束，成为当时广阳郡的治所。自秦至唐，北京的名称有过多次变化：北魏时是燕郡的治所，隋初燕郡改称幽州，隋炀帝时改称涿郡，唐时又改为幽州，天宝年间还曾改称为范阳郡。虽说自秦以后北京有很长一段时间未被当作都城，但却始终是统一的中原王朝在北方的一个重镇。

作为都城，北京的地理形势是得天独厚的，北面是燕山，东北是盘山，西北是西山，群山环抱；东南是永定河和潮白河；另外还有昆明湖、什刹海和中南海等。自五代以后，北京就逐渐成了全国的政治、经济和文化中心。

从历史上看，自燕之后在北京建都的有以下这些朝代：

第一个是前燕。这是西晋灭亡以后五胡十六国期间一个少数民族（鲜卑族）的地方性政权。蓟城作为前燕的都城时间很短，前后仅八年。

第二个是辽。五代初，后晋石敬瑭割燕云十六州给契丹。契丹得到幽州后，就升之为陪都，并改称为南京，也叫燕京。

第三个是金。金灭辽，并灭北宋后，金主完颜亮就把都城从上京迁到了燕京，并改称为中都，而把汴京（今河南开封）改称为南京。金定都中都后，仿照北宋汴京的规制，大规模地改建中都，并大肆兴建皇家园林。其中规模最大的就是大宁宫，即现在的北海公园。

第四个是元。元灭金之后，起先以中都为陪都，不久即迁都于中都，并改称为大都，自此北京成为全国的政治中心。元朝统治者又对大都城进行了重建，重建的大都城成了当时世界上最繁华的大都市。马可·波罗在描写当时大都的盛况时说："世界诸城无能与比。"

第五个是明。明初朱元璋在南京建都，并把元朝的大都改称为北平。朱元璋去世之后，明成祖朱棣决定迁都北平。永乐元年（1403年），北平即称为北京，北京的名称就是从这时开始的。19年之后，朱棣正式迁都北京。之后，北京又改称京师。明朝北京城的规模又超过了元朝的大都城。有明一代，除朱元璋在南京建都外，明仁宗洪熙元年（1425年）至英宗正统六年（1441年）的十多年间，还曾有过短期"复都南京"的举动，这段时期，北京则被改称为"行在"（行都）。崇祯十七年（1644年），李自成的农民政权大顺国也进入了北京，自李自成在北京称帝起，至最终为清军所败，大顺国在北京的时间仅四十

二天。

第六个是清。清于灭明后的顺治元年（1644 年）就决定迁都，由东北的盛京（今辽宁沈阳）迁至北京。北京由此成为最后一个封建王朝的京师。

我国古代有六个封建王朝在北京建都，如果加上战国时的燕国，北京也算是个"七朝都会"的古都了。从我国古代建都的情况看，五代以后的北京差不多一直就是都城。清朝灭亡以后，北洋政府也是以北京为首都的。如果再加上现在，那北京就可以看作是一个"九朝都会"的城市了。

北京的世界文化遗产

北京是世界上拥有最多文化遗产的城市，其分别为长城、故宫、天坛、颐和园、明十三陵、周口店北京人遗址。

八达岭长城是目前保存较为完好的长城城段之一，位于北京延庆县西南，距市区约 75 千米，因"出居庸关，北往延庆州，西往宣镇，路从此分"而得名。八达岭地处要冲，具备很高的军事价值，历代帝王都非常注重这里的防御，自明初开始，不断在此处修建长城。此处长城的修建，多用条石和城砖砌筑，非常坚固，沿城还设有多个不同用处的墙台。作为居庸关的外围关口和防卫前哨，八达岭长城的关城有东西两扇门，东门额题"居庸外镇"，西门额题"北门锁钥"。沿城每隔三五百米筑有方形城台，高出墙顶。四周砌有城垛，按不同功能分墙台、敌台、战台等多种结构。

北京故宫，原名"紫禁城"，始建于明永乐年间，历时14年建成。它规模宏大，占地7.2平方千米，建筑面积为1.5平方千米，有房屋9000多间，黄色琉璃瓦屋顶、蓝色护城河和红色围墙把它与外界隔开。从建成到封建帝制结束，近500年间共有明、清两代24位皇帝在此登基继位。它是一座壁垒森严、巍峨壮观的宫殿，也是世界上规模最大、最完整的古代宫殿建筑群，是最大的历史博物馆。

故宫的建筑都严格遵循对称的规则，沿一条南北走向的中轴线排列。而这条中轴线上的建筑，更是故宫的重心，坐北朝南，体现着皇帝的至尊。故宫可分为前朝和内廷两部分，二者界线在乾清宫，以南为前朝，以北为内廷。前朝和内廷的建筑无论从风格还是功用上均不相同。前朝高大宽敞，富丽堂皇，是皇帝会见群臣、处理政事、举行重大庆典的地方；而内廷的房间相对狭小紧凑，是皇帝皇后及嫔妃生活起居的地方，并且后廷宫院等级分明，都体现在建筑规模、形式、间数、屋顶装饰及所在位置上。

故宫历经500多年，是封建社会帝王统治的历史见证，其传统的建筑艺术和丰富珍贵的历史文物，更是中华民族智慧的结晶。

天坛是明清两代帝王祭天祈谷、夏至祈雨、冬至祭雪的圣地，是

中国现存最大的一处坛庙建筑，始建于明永乐十八年（1420年），原名"天地坛"。因清嘉靖九年（1530年）立四郊分祀制度，于嘉靖十三年（1534年）改称天坛，后又经清乾隆、光绪帝重修改建后，才形成天坛现在的格局。天坛占地27平方千米，比故宫还大三倍多。二重垣墙，形成内外坛，垣墙南方北圆，象征天圆地方。圜丘坛在南，祈谷坛在北，二坛同在一条南北轴线上，中间有墙相隔。圜丘坛内主要建筑有皇穹宇等，祈谷坛内主要建筑有祈年殿、皇乾殿、祈年门等。

天坛是中国明清时期最神圣的地方，因为它象征着皇天。天坛以其恢宏并且具有高度艺术成就的建筑，一直以来激荡着前来游览的人们的心灵。

颐和园是中国现存最大、保存最完整的皇家园林，是中国四大名园（其他三园是承德避暑山庄、苏州拙政园、苏州留园）之一，也被誉为皇家园林博物馆。

颐和园原名清漪园，始建于1750年，1860年的第二次鸦片战争中，清漪园被英法联军烧毁。1886年，清政府挪用海军军费等款项重修，并于两年后改名颐和园，作为慈禧太后晚年的颐养之地。1898年，光绪帝曾在颐和园仁寿殿接见维新思想家康有为，询问变法事宜，变法失败后，光绪帝被长期幽禁在园中的玉澜堂。1900年，八国联军侵入北京，颐和园再遭洗劫，1902年清政府又予重修。在近代历史中，颐和园是一座美丽的园林，更默默储存着历史，把那些屈辱和疼痛刻在砖墙上。颐和园的兴盛与颓败也上演着清朝的鼎盛与衰退。游览颐和园，看的不仅是皇家的庄严，建筑之美之精，还能体会出那个充满了血腥和侵略的年代。

明十三陵是中国明朝皇帝的墓葬群。这里自 1409 年修长陵开始，其后 230 年内，先后修建了十三座皇帝陵墓（十三陵名称的由来）、七座妃子墓、一座太监墓。明末清初著名学者顾炎武曾写诗描述这里的优胜形势："群山自南来，势若蛟龙翔；东趾踞卢龙，西脊驰太行；后尻坐黄花（指黄花镇），前面临神京；中有万年宅，名曰康家庄；可容百万人，豁然开明堂。"这一优美的自然景观被封建统治者视为风水宝地。

周口店北京人遗址早已为人们所熟知。这里是世界上材料最丰富、最系统、最有价值的旧石器时代早期的人类遗址。1921—1927 年，考古学家先后三次在"北京人"洞穴遗址外发现三枚人米牙齿化石，1929 年，又发现了"北京人"头盖骨化石以及人工制作的工具和用火遗迹，这些发现为人类起源提供了大量的、富有说服力的证据，震惊中外。

北京的胡同

"胡同"源自蒙古语，关于这个词的含义，说法不一。有说是比村稍大的部落，有说是有水井的地方，也有说是防火用的火巷。蒙古族

本是游牧民族，胡同本义作为其方言，也许与这几种说法贴近，但在元大都城市中的胡同，词义明显有了变化，它已是院落、房屋连接而成的一排排宅第的间隔带，可用于通风采光，也可用作防火地带，更可做出入的通道。

北京胡同的名称，简直就是一本百科辞典。比如有按柴米油盐酱醋茶命名的胡同：柴棒胡同（安定门一带）、米市胡同（陶然亭一带）、油坊胡同（西绒线胡同西口）、盐店胡同（海淀清河）、酱坊胡同（德外大街）、醋章胡同（宣武牛街）、茶儿胡同（宣武大栅栏）。

中国有阴阳五行的思想，也就有金木水火土胡同：金果胡同（福绥境地区）、木厂胡同（崇文门外）、水井胡同（西长安街地区）、火药局胡同（景山地区）、土儿胡同（交道口地区）。

天地有东南西北中五方，于是有东明胡同（新街口地区）、西大胡同（牛街地区）、南板桥胡同（东四地区）、北吉祥胡同（交道口地区）、中帽胡同（新街口地区）。

东西有红、黄、蓝、白、黑五彩，因而有红线胡同（椿树地区）、黄图岗胡同（东华门地区）、蓝靛厂胡同（四季青乡）、白纸坊胡同（白纸坊地区）、黑塔胡同（新街口地区）。

人间有金银铜铁锡五金，北京亦有金丝胡同（福绥境）、银丝胡同（崇文门）、铜铁厂胡同（厂桥地区）、铁门胡同（宣外大街）、锡拉胡同（东华门）。

胡同还反映着城市的特点、时代的变迁和政治风云。1949年以后，许多胡同都改了名，如西直门内屎壳郎胡同，改名为"时刻亮胡同"，宣武门的打劫巷改成了"大吉巷"。原烟花柳巷代名词的"八大胡同"也都一改旧名，其中"皮条营"改称东、西壁营，"王寡妇斜街"改为"王广福斜街"，后称"棕树斜街"。在十年动乱中，许多胡同名被染上了政治色彩，打下了那个时代的鲜明印记，如崇文门地区的戴家胡同改成了"红哨兵胡同"，东城交道口地区的豆角胡同改成了"红到底胡同"，地安门内、外大街被称为"总路线路"，东城交道口地区南下洼子胡同改成了"学毛著胡同"，东城建国门地区八宝楼胡同改成了"灭资胡同"，北新桥地区东扬威胡同改成了"反修胡同"，东交民巷称"反帝路"，景山东街称"代代红路"，等等。

有些胡同名还指示着行业分工，如一听"海运仓胡同""禄米仓胡同"等就知道这里曾有大的仓库，而"裱褙胡同""驴市胡同"也明白地告诉人们这里做什么行当。

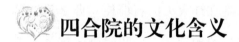

四合院的文化含义

北京胡同的两边整齐地排列着青砖灰瓦的四合院。四合院因四面房屋围合而得名，它是极其适合北京气候特点的住宅，高大的梁架，延伸的屋檐，让室内变得冬暖夏凉，厚厚的北墙抵御了肆虐的西北风，

宽敞的院落则留下了接触自然的活动空间。

四合院又是蕴含着深厚东方文化传统的住宅，只用一个街门与外界相通，关起门来自成天地，符合中国人内敛含蓄的性格，所有房间都朝向中心院落开门，一家人其乐融融，光照良好的北房供德高望重的长辈居住，充分体现注重家庭和睦以及敬重老人的伦理道德标准。四合院同时也是展示精美建筑艺术和体现哲学精神的住宅，从门口的照壁、对联、门簪、抱鼓石，到影壁、砖雕、雀替、垂花门，四合院的装修、雕饰、彩绘，无不洋溢着浓郁的民俗文化气息。四合院还是等级制度分明的住宅，名门大户的府第，往往由多个四合院纵向或横向连缀而成，紫禁城是其中最极端的代表；院门分为多种形式，从最高级的王府大门，到广亮大门、金柱大门，再到如意门、蛮子门、小门楼，从院门的建筑形制，就能大致分析出主人的地位高低和财富多寡。

"天棚鱼缸石榴树，先生肥狗胖丫头"是传说中令人艳羡的四合院生活，当然不是每一家都拥有私塾先生和营养良好的女佣，不过四合院中，树照例应该有几棵的，要么是红红火火的石榴树，要么是万事如意的柿子树，要么是象征多子多福的葡萄架。闲暇时漫步院中，看缸内金鱼往来倏忽，仰树梢蓝天云卷云舒，观庭院玉簪花开花落，听檐角雨滴时有时无，这样的生活，深深地打上了北京城的烙印，永存于许多老北京人的记忆中，如影随形，挥之不去。

骑着自行车，或者乘上叮当作响的三轮车，慢慢晃悠在胡同里，跟背着书包的小丫头学上几句脆生生的京片子，随意走进一家四合院中的民俗接待户，在大妈的帮助下亲手包上几个饺子，或者就到胡同角的小吃店吸溜一碗炒肝儿，似乎成了外来者体会京味儿的常规项目。然而真正原汁原味的老北京风情，如今只能蜷缩在水泥森林的夹缝中苟延残喘。1949 年，北京有大小胡同 7000 余条，到 20 世纪 80 年代，只剩下 3900 余条，随着近年城市建设步伐的加快，每年都有数百条胡同永远地从北京版图上消失了。一种已存在数百年的城市结构，老北京独特历史风貌的重要载体，正以难以置信的速度成片消失，令人扼腕，却又无可奈何。

胡同与四合院的式微，甚至消失，实际上代表着传统生活方式的消亡。快节奏的现代社会生活以及家庭规模的小型化，似乎已经容不下那种四世同堂、共聚一院的传统大家庭生活，城区内土地的稀有性，也使得规整的四合院住宅，变成了仅仅属于少数人的极致奢华。北京已经在旧城内划定了 30 片历史文化保护区，其中南锣鼓巷、北锣鼓巷、东四、西四、国子监以及什刹海地区是现存胡同较为集中的街区。

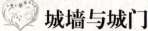城墙与城门

中国古代都城的明显标志是建有绕城的城墙，并在城墙上开设城门以供出入。自金代建中都起，共有四个朝代在北京建都，历朝历代都在城墙和城门的建设上下足了功夫，尤其明代把城墙和城门的建设推向了极致，不仅建设了皇城、内城和外城的三重城墙，还建造了"内九、外七、皇城四"共二十座城门。然而，沧海桑田，昔日的城墙和城门大都已经随着时光的流逝而灰飞烟灭了。当往日的辉煌铅华尽洗的时候，人们猛然发现铅华褪处曾经是那么的灿烂，于是开始凭吊那些往日的遗迹，保护与重建的努力也在进行之中，那么让我们来看看，北京现在还有哪些城墙和城门可以让我们纪念。

金代的中都在现今北京的西南，都城的中心大致在现在北京广安门外西二环路一带。金中都的城墙周长 40 里，开 13 座城门，考古发现已经确定了金中都城墙的走向和城门的位置，但是除了西南角城墙和南城墙水关还有部分遗迹可寻之外，其他城墙和城门都已没有踪迹。在右安门外玉林小区原金代南城墙水关遗址处建有辽金城垣博物馆。

水关原是河道沟渠穿过城墙的通水口，这个遗址是金代的水系经过南部城垣时的水口，1990年才被发现。在博物馆的一层展厅里，详细介绍了水关的建筑结构、功用以及挖掘经过，地下一层就是水关挖掘整理后的遗址现场。

元朝的大都是十三、十四世纪世界上最宏伟的都城。元大都是根据中国传统规制在平地上总体规划而建成的，规模宏大，其城墙周长达60里，有城门11座。后来明朝建都北京的时候，略向南移，大部分城墙在元大都城墙基础上重建，只留下北部城墙和西北部的一段城墙。由于元大都的城墙都是夯土而成，所以俗称"土城"。现在这个角尺形的土城遗址已经辟为元大都城垣遗址公园。公园西侧南起明光村北至学知桥，折向东后，经健德桥、土城环岛到太阳宫惠忠庵村，全长约9公里，以八达岭高速公路为界划分为两大区域，每个区域又分为若干景观。蓟门桥附近的"蓟门烟树"景观是旧燕京八景之一，相传当年"树木翁然，苍苍蔚蔚，晴烟拂空，四时不改"；环园路西侧的"大都建典"景观，有一组大型雕塑，展现了元世祖忽必烈和他的将士们进驻北京的景象；土城环岛西侧的"海棠花溪"景观内生长有成片的海棠树，每当春天来临之际，小月河两岸就变成粉红色花朵的海洋；安定路与樱花西路之间的"大都鼎盛"景区内有以元世祖忽必烈为主体的大型室外雕塑和壁画，展现了元大都的盛况；在樱花西路与樱花东路之间的"水街华灯"景区的小月河北岸已经形成一条颇具规模的大都酒吧街。

明朝修筑北京城是最舍得花本钱的，相继建起了皇城、内城和外城三重城墙，总长80里，设置20座城门，城墙都是墙砖包面，城门

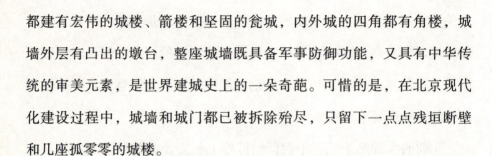

都建有宏伟的城楼、箭楼和坚固的瓮城，内外城的四角都有角楼，城墙外层有凸出的墩台，整座城墙既具备军事防御功能，又具有中华传统的审美元素，是世界建城史上的一朵奇葩。可惜的是，在北京现代化建设过程中，城墙和城门都已被拆除殆尽，只留下一点点残垣断壁和几座孤零零的城楼。

明朝的皇城早在民国时期就已经被拆除，只在东城区北河沿还残留了一段皇城城墙遗址，现在已经开辟为皇城根遗址公园。公园南起东长安街，北至平安大街，长 2.8 公里，北端保留有一段明代内城墙遗址。沿途有欧美同学会、老舍故居、北大红楼等古迹。公园南侧与菖蒲河公园衔接，东有金街王府井，西有故宫紫禁城，是一块名副其实的黄金宝地。

明朝的内城墙大都已经不见踪影，有踪迹可寻的有三处，一个是在崇文门和东南角楼之间的东南城墙遗迹，一个是东南角楼北侧的一段残垣，还有一处是西便门附近的西城墙南端一段。原内城有九座城门，俗称前门的正阳门是九门之首，现在前门城楼和箭楼经过多次修复还矗立在天安门广场南侧。北城墙的德胜门城楼已经没有了，但是德胜门箭楼依然屹立。内城墙的东南角楼依然保存完好，与东南城墙相连，现在开辟为明城墙遗址公园。公园东起东南角楼，西至崇文门，是一个长约 1.5 公里的狭长街心公园。这是明城墙保存下来最完整的一段。城墙的东端是东南角楼，原是军事防御设施，1900 年八国联军曾攻陷此楼，那时刻在墙砖上的字迹现在仍可辨认。东南角楼附近的城墙上有一个圈门，现在是角楼参观的入口，它是民国年间修建环城铁路时在城墙上挖开的洞口，这也是当年民国铁路唯一的遗迹了。

明朝的外城墙已经无迹可寻了。外城墙的南门永定门由于位于北京城南北中轴线之上，为了恢复中轴线景观，近年重修了永定门，使它与东侧的天坛、西侧的先农坛以及北面的天桥老城区形成了一个相对集中的景观区域。

 京城九门的来历

北京城墙大都已被拆掉，唯独保留了三座门楼：正阳门、东便门和德胜门。

北京有句老话："先有德胜门，后有北京城。"此话道出了德胜门的来龙去脉。元朝末年，大将军徐达率领军队攻破了元朝的大都城，元顺帝急忙从大都城的北门建德门逃走了，元朝从此灭亡。徐达便把建德门改成德胜门，也叫得胜门，可能是纪念明军取得胜利之意。到了永乐十八年（1420年）修北京城时，就把大都城的城墙南移两千米，另外修了城门和瓮城，还叫德胜门。由此看德胜门的命名早于北京城52年。

北京城建成了，共有九个城门，各有各的用途。在封建王朝时代，

皇帝专门喝玉泉山的泉水，给皇帝运水的水车，从西直门出入；给宫廷运煤的煤车出入于阜成门；正阳门出入皇帝祭祀天地的车辇；朝阳门走粮车；东直门通柴车；崇文门进酒车；宣武门出刑车；安定门出战车；出兵打仗，得胜还朝，要进德胜门。据说，清朝士兵们进德胜门时还要高唱"得胜歌"。听"老北京"说，这"得胜歌"就是八角鼓（单弦）的前身。

据史书记载，明正统十四年（1449年）八月瓦剌军进攻北京，兵部尚书于谦率领大军出安定门迎敌，一举击毙了号称"铁颈元帅"的也先的弟弟索卯那孩，把瓦剌军打得丢盔弃甲，于谦得胜凯旋。以后，到了崇祯十七年（1644年），皇帝朱由检派吏部右侍郎李建泰带兵出安定门，开赴山西去打李自成的起义军。军队刚走到涿州，迎头碰上李自成的部队。兵士不战自溃，闻风丧胆而逃。李自成的大军乘胜追击，打下了北京城。朱由检见大势已去，只好在煤山自尽殉国。可见名曰德胜门，实际上胜败都有。

北京内城有九门，这九门都有城楼和箭楼，可是德胜门有点与众不同。拿正阳门来说，箭楼下有门洞和城门，而德胜门的箭楼却没有门洞和城门，也是北京独一无二的没有门洞和城门的箭楼。

德胜门已经有500年的历史了。在明朝嘉靖年间和清朝康熙年间都曾经重修过。民国初年也修缮过，却因财力不足，只修了半个城台就停工了。民国十三年（1924年），北洋政府索性将城楼拆掉，卖了木料，用这笔钱给政府官员发了薪金。于是，最古老的德胜门便从北京地图上被抹去了。

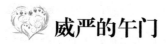 ## 威严的午门

午门是紫禁城的正门，因处于京城南北的中轴线上而得名。明永乐十八年（1420 年）建成，清顺治四年（1647 年）重修。下部是高大的墩台，正中开有三个门洞，墩台上建成五座楼，因此又称"五凤楼"。

午门高 37.95 米，巍峨雄壮。曾有人评价午门的建筑"是一种压倒性的壮丽和令人呼吸为之屏息的美"。它那威严的气势和与之有关的传说，都不能不令人有一种不寒而栗之感。

午门前举行的典礼主要有颁朔和献俘等。颁朔就是每年孟冬（冬季的第一个月）十日在午门颁布明年十二个月的朔日，即每月的初一。"献俘"可就带有血腥气了，也就是当战争凯旋时，皇帝要挑选日子派官吏向太庙和社稷坛献俘，第二天再在午门举行受俘礼，受俘后，绑出施刑。如果皇帝赦免俘虏，就松绑释放。

不过午门最为人知的还是"午门廷杖"和"午门斩首"。

所谓"廷杖"，就是皇帝叫人用棍杖打臣下的屁股，是专门对付封建

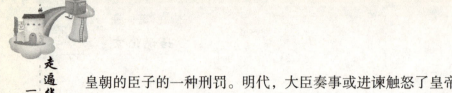

皇朝的臣子的一种刑罚。明代，大臣奏事或进谏触怒了皇帝，常要受廷杖之刑，受刑地点就在午门外御路的东侧，一般由锦衣卫执行。行刑时，军校 400 人，执木棍林立，被杖打的囚犯被捆住双腕，用布兜起来，主事的太监喊一声"打"，即开始行刑，五杖一换人。换人后再喊"着实打"或"用心打"，命"着实打"或可生还，命"用心打"则必死无疑。每喊一声，则周围的人群和之，喊声震天动地。明正德十四年（1519年），武宗朱厚照要到江南游玩选美，群臣上谏，触怒了皇帝，有 140 多人被廷杖，当场打死 11 人。清代则一般不用廷杖的刑罚。

"午门斩首"的说法在民间传说、小说、戏曲中十分流行，可实际上，紫禁城内却从不斩人。明清两代诛杀朝臣都是"刑之于市，与众弃之"，具体地点明代是在西市，清代改在菜市口，那么被"推出午门"的从来不是去"斩首"，而是如上面所言，要施廷杖之刑。

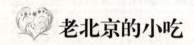 老北京的小吃

北京小吃俗称"碰头食"或"菜茶"，融合了汉、回、蒙、满等多民族风味小吃，以明清宫廷小吃而形成，品种多，风味独特。

北京小吃大约二三百种。包括佐餐下酒小菜（如白水羊头、爆肚、白魁烧羊头、芥末墩子等）、宴席上所用面点（如小窝头、肉末烧饼、羊眼儿包子、五福寿桃、麻茸包等）以及做零食或早点、夜宵的多种小食品（如艾窝窝、驴打滚儿等）。其中最具京味特点的有豆汁、灌肠、炒肝、麻豆腐、炸酱面等。一些老字号专营其特色品种，如仿膳饭庄的小窝窝、肉末烧饼、豌豆黄、芸豆卷，丰泽园饭庄的银丝卷，东来顺饭庄的奶油炸糕，合义斋饭馆的大灌肠，同和居的烤馒头，北京饭庄的麻茸包，大顺斋点厂的糖火烧等。

清代《都门竹枝词》写道："日斜戏散归何处，宴乐居同六和局。三大钱儿买甜花，切糕鬼腿闹喳喳，清晨一碗甜浆粥，才吃茶汤又面茶；凉果糕炸糖耳朵，吊炉烧饼艾窝窝，叉子火烧刚卖得，又听硬面叫饽饽；烧麦馄饨列满盘，新添挂粉好汤圆，爆肚油肝香灌肠，木须黄菜片儿汤。"这也说明北京历来有许多风味小吃，是深蕴于特定历史文化背景下的一项重要文化成果。它的每一个品种的制作方式、食用方式等，都蕴含着深刻的哲理和北京人特有的审美意趣。它既是物化的北京都城史的一块"活化石"，又是京味儿文化的一个重要组成部分，是老北京生活中不可或缺的重要一环，北京小吃不仅美味，而且从视觉上也给人以赏心悦目的感觉。

我们还是简要介绍几种经典北京小吃吧。

炒肝，这道小吃与慈禧对饮食的倡导相关。相传在清朝同治年间，前门外的鲜鱼口内有一家名为会仙居的小酒店。酒店的主人名叫刘永奎，北京人，专门经营黄酒和下酒的小菜。其中有一道迎合平民的下酒菜——白水杂碎。小店一开始属于夫妻店，到了庚子年后，会仙居

则由刘家的后代刘宝贵哥儿仨经营。

据说，有一天，慈禧想起早年吃过的白水杂碎，还想尝尝这一口。品尝之后，这位宫廷美食家点评道："味道不错，可要是去掉心和肺可能会更好。"太后的话那就是懿旨啊，会仙居的厨师忙活开了，他们在下料时，将杂碎中的心、肺统统抛掉不用，只用猪肠和猪肝，然后用蒜末压去腥味，调味勾芡，这样一来就由白水杂碎变成了今天的炒肝。还别说，慈禧的话真有些道理。这种炒肝一面世，大受欢迎，流传至今。自那以后，老北京人便多了句歇后语：北京的炒肝儿——缺心少肺。

驴打滚儿，是北京特色小吃中比较古老的品种之一。它的原料是用黄米面加水蒸熟，和面时稍多加水和软些，另将黄豆炒熟后，轧成粉面。制作时将蒸熟的黄米面外沾上黄豆粉面擀成片，然后抹上赤豆沙馅（也可用红糖）卷起来，切成 100 克左右的小块，撒上白糖就成了。制作时要求馅卷得均匀，层次分明，外表呈黄色，驴打滚儿的特点是香、甜、黏，有浓郁的黄豆粉香味儿。

为何称作驴打滚儿？是一种形象比喻，制得后放在黄豆面中滚一下，如郊野真驴打滚儿似的，故而得名。北京的各家小吃店一年四季都有供应，但大多数已不用黄米面，改用江米面了，因外滚黄豆粉面，其颜色仍为黄色，是群众非常喜爱的一种北京特色小吃。

艾窝窝是传统北京特色小吃，每年农历春节前后，北京的小吃店都要上这个品种，一直卖到夏末秋初，所以艾窝窝也属春秋品种，一年四季都有供应。艾窝窝是用糯米洗净浸泡，后入笼屉蒸熟，晾凉后揉匀，揪成小剂，摁成圆皮，包上桃仁、芝麻仁、瓜子仁、青梅、金

糕、白糖，拌和成馅儿的。但为什么这种北京特色小吃被称为艾窝窝呢？在清人李光庭的《乡谚解颐》一书中我们找到了说明。原来是有一位皇帝爱吃这种窝窝食品，想吃时就吩咐说："御艾窝窝。"后来这种食品传入民间，一般百姓就不能也不敢说"御"字，所以省却了"御"字而称"艾窝窝"。

 老北京的民俗

北京是世界闻名的文化古城，多民族特有的文化在这里相互渗透交融形成的地方性民俗，是中华民族民间文化史的重要组成部分，包括市肆庙会、时令节年、婚丧嫁娶等，内容十分丰富。

老北京人待人接物十分讲究礼数，日常生活中也很擅长找乐子。具体的内容五花八门，应有尽有，花鸟鱼虫，曲艺相声，都有很多拥趸。

在各种艺术形式中，最能代表中国传统文化的应该是京剧。京剧主要的特色常被称为"综合戏剧"，因为京剧的创作是完全地糅合了舞蹈、歌曲、话剧、默剧、武术及诗词的艺术精品。它是一种非常独特的艺术形式，包含了风格化及强烈节奏感的动作、简洁而精确的曲谱、

想象力丰富的情节及引人入胜的角色人物。唱功、节奏及旋律也随角色思想感情的差异而转变。京剧独特地融合了现实性和抽象性手法，创造出一种精妙的、充满浓厚戏剧意念的方程式。

相声起源于北京，流行于全国各地。一般认为于清咸丰、同治年间形成，是以说笑话或滑稽问答引起观众发笑的曲艺形式。它是由宋代的"像生"演变而来的，到了晚清年代，相声就形成了现代的特色和风格。主要用北京话讲，各地也有以当地方言说的"方言相声"。在相声形成过程中广泛吸取口技、说书等艺术之长，寓庄于谐，以讽刺笑料表现真善美，以引人发笑为艺术特点，以"说、学、逗、唱"为主要艺术手段。

旧北京的天桥一带是北京平民的文化娱乐、饮食商业集中区，过去天桥一带的生活今天都浓缩在新建的天桥乐茶园里了。这处茶园位于著名的天坛公园西北端，是一座仿古建筑。大厅前设舞台，内摆黑漆硬木八仙桌椅，两厢有出售各种京味儿小吃的门脸。身穿中式旗袍的服务小姐来回斟茶，付账也必须用中国的古旧铜钱——你可以在现场用现代货币兑换，真可谓是完完全全的旧时风貌。

茶园的节目也是一台"民俗大串演"，其中最值得一看的是老天桥"八大怪"的表演，这八大怪可谓是老北京人心目中的大偶像。他们的表演分为文活、武活。文活有孙宝财、毕学祥表演的双簧，胡玉民、傅宝山合说的对口相声，田宝善等九人的吹奏鼓乐，张善曾的"白沙撒字"，罗浩然的拉洋片，潘长林的古典戏法，杨永祥的口技等；武活有周茂兴、李宝如等人的中幡、摔跤和硬气功等。

北京的庙会是一种集吃喝玩乐于一体的民间性娱乐活动。由于起源于寺庙周围，所以叫"庙"；又由于小商小贩们看到烧香拜佛者多，就在庙外摆起了各式小摊，渐渐地又成为定期的活动，所以叫"会"。

庙会多在春节举办，各式各样的民间艺术表演，丰富的京味小吃和民间工艺品是最吸引人的地方。秧歌、高跷、旱船、舞狮、玩钢叉、弄虎棍、打锣鼓，更有舞"中幡"者，将一面缎质红旗系在7米长、碗口粗的竹竿上，一会儿用手，一会儿用臂，一会儿用嘴，一会儿用额，抛起又接住，十分惊险。

第二章
华北历史名城

典故之乡：邯郸

邯郸是一座兼具古老文明和现代风采的历史文化名城，位于河北省最南端，地处被誉为"华夏龙骨、天下之脊"的太行山东麓，华北平原西南部。西依巍峨太行，东临华北平原，晋冀鲁豫四省交界。全市总面积 1.266 万平方千米，是国家级历史文化名城，全国 19 个较大的城市之一，总人口约 849.9 万人。

邯郸是 7000 年前磁山文化的发源地。磁山文化是一种早于仰韶文化的新石器时代早期文化，中华民族的母亲河就在这里哺育了炎黄子孙的先民，并且创造了灿烂辉煌的磁山文化。大自然的鬼斧神工与人类智慧的巧妙结合，赋予了这座城市以丰厚的文化积淀和独特的旅游资源，也留下了众多的古迹遗址、陵墓祠堂和碑刻石窟，俨然一座历史文化与自然风光交相辉映的露天博物馆。邯郸是世界上粮食作物——粟的最早发源地。

邯郸兴起于殷商后期，战国时成为"七雄"之一赵国的都城。这一时期留下的古迹遗址比比皆是，如赵王城遗址、武灵丛台、学步桥、

回车巷等。而且与之相联系的还有一大批脍炙人口的成语和典故，如围魏救赵、完璧归赵、邯郸学步、负荆请罪、胡服骑射、漳河投巫、破釜沉舟等。据考证邯郸是全国成语典故最多的城市，达200条之多，被誉为"成语典故之乡"。独具特色的燕赵文化培育出大批政治家、军事家和哲学家，著名的有蔺相如、廉颇、荀子、赵奢、李牧等。

邯郸的地理位置特殊，自古就被人称作"关天下之形胜，绝天下之转输"的名城。赵敬侯以邯郸为都城得以迅速把赵国发展成为"前有漳滏，右倚常山，左邻河间，北通燕涿"的万乘强国。曹操以邺城（邯郸南40公里）为基地，挟天子以令诸侯，独霸中原，称雄一方，邺城繁盛一时，建安文学发祥于此。北齐王朝时，佛教盛行，凿窟建寺，留下了许多石窟艺术。唐宋时期，邯郸境内的大名府为"河北重镇"。宋元时期，磁州窑是中国北方民窑的杰出代表，以其绘画装饰丰富多彩，自然豪放的艺术风格独树一帜。清末，这里诞生了一代太极宗师杨露禅、武禹襄，他们所创的杨式、武式太极拳以柔寓刚、刚柔相济的特点享誉海内外。

1940年，刘伯承、邓小平率八路军一二九师挺进太行山区，以涉县赤岸村为司令部，开辟、创建了晋冀鲁豫抗日根据地，成为中原地区抗击日军的一支劲旅。

邯郸不仅文物古迹众多，而且自然风光秀丽。西部的太行山，峰峦叠翠，回环错列，于险峻之中蕴含着无限的秀美。因赵匡胤千里送京而得名的京娘湖秀美清澈，泛舟湖上，空气清新，清风徐来，犹如仙境。因女娲"抟土造人，炼石补天"而得名的娲皇宫，登高远眺，如入云中，深山古刹的风景一览无余。在太行山深处，还有一个"长

寿村"，该村人常年饮用山泉水，身强体健，长寿无疾。

诸多的名胜古迹为邯郸保存了一笔宝贵的文化财富。除了以磁山文化遗址为代表的新石器早期文化，以赵王城、武灵丛台为象征的古赵文化，还有以"曹魏三台"和南北响堂为代表的魏齐文化。革命战争年代，邯郸也做出了巨大贡献，现保存有晋冀鲁豫烈士陵园、八路军一二九师司令部等革命历史遗址。

丰富的历史文化遗产为邯郸人民留下了宝贵的精神财富，也为邯郸的文艺复兴奠定了基础。

避暑胜地：承德

承德的名气是与一条名叫热河的小河紧紧连在一起的，民间常把承德与热河城混着一块叫。

三百多年前，热河还是一个"名号不掌于职方，形胜无闻于地志"的小村庄。1701年的一个隆冬，清康熙帝外巡路经热河时，看到眼前山清水秀、风景宜人的自然风光，不禁流连忘返，亲自下车踏勘了四周的风水。翌年，他就下令兴建热河行宫，本来默默无名的小山庄一下子名扬天下，成为当时仅次于北京的一个重要的政治中心。

说起承德，所有的文字描述都是那样的苍白，他像一位饱经风霜的老人，承载了如梦的繁华后，在岁月中渐渐沉寂下来，留下的是那份厚重的历史与文化底蕴。

承德，古称"热河"。热河之称始于清代，热河改称"承德"亦在清代。雍正元年（1723年），清政府置热河厅，热河之称始见。热河，因"热河"之水而得名。成书于清乾隆年间的《钦定热河志》有句："山庄内有温泉出而汇入武列水，俗遂有热河之称。"雍正帝将与县平行的热河厅升为州的建制，钦命为"承德州"，承德之名出现。

承德，意为"承受德泽"，语出自《尚书·周官》"六服群辟，罔不承德，归于宗周"之句。承德原为官职"承德郎"之意，官名用于地名的一是历史上的盛京，二便是原称"热河"的承德。承德是一座先有夏都的载体——避暑山庄，而后才有承德老城的兴起，承德城是由山庄伴生而来的。承德由村庄升级为城市，一步登天，这在我国的历史文化名城里，也是独一无二的现象。

春秋战国时期，齐桓公在承德境内留下了"老马识途"的典故。秦始皇时，在承德北部修筑了土质长城，这就是"秦筑长城紫色土"的由来，这一举动也给承德留下了另外一个美丽的名称——"紫塞"。魏晋时期，曹操北征乌桓，在承德境内大败乌桓军，为北方统一做出了贡献。元朝时，这里成了民族融合的大熔炉，人流如织，富裕繁荣。明代，戚继光督修长城，也给承德留下了光辉灿烂的一笔。

清朝入关后，大量的河南、山东、山西人在闯关东的路上来承德落脚，移民到此。特别是几任清帝，在承德建设避暑城，为其留下了

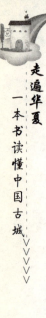

宝贵的皇家园林——山庄和外庙。

人们说："有了避暑山庄才有承德市。"清代，自康熙皇帝选址肇建避暑山庄起，经康、雍、乾三帝，耗时89年建成，是清代皇帝夏日避暑和处理政务的场所，清帝及其大臣们想避暑、狩猎、练兵、议政以及举行庆典和接见外国使节时，都会到此，使得"理朝听政"与"休息娱乐"高度统一，为中国著名的古代帝王宫苑。凭山依水，奇景天成、蜿蜒起伏、宛若腾飞巨龙的宫墙围绕周围，内共有包括"康乾御题七十二景"在内的景观120余处，古朴典雅，凝重肃穆，荟萃了天下美景。

如果说承德作为"清朝第二个政治中心"生动地记录了清王朝末叶的一幕幕波澜壮阔的政治和外交风云，那么避暑山庄则历经风云变幻，诉说了"康乾盛世"，甚至一个王朝的盛衰史。

乾隆皇帝在这里接见、册封厄鲁特蒙古杜尔伯特部首领三车凌；接见、赏赐蒙古土尔扈特部首领渥巴锡、迎接西藏政教首领六世班禅，对北方少数民族"慑之以兵威，怀之以德""令人心中悦服"，效果卓著；乾隆还接见了朝鲜贡使朴趾源、英使马戛尔尼；嘉庆、咸丰皇帝病殁于避暑山庄"烟波致爽"殿西暖阁；咸丰皇帝在西暖阁签准了丧权辱国的《北京条约》；慈禧太后在避暑山庄策划了"辛酉政变"……

作为清帝理想的避暑理政之地，清初的康、乾、嘉三帝几乎于每年的五月前来，九十月离去，时间长达半年之久。康熙皇帝曾56次前来，乾隆皇帝来过53次，他们在这里度过了多少个"万寿节"、举办过多少次"千秋宴"。

避暑山庄的东北部，环列着12座规模宏大、气势磅礴的寺庙，是依照西藏、新疆喇嘛教寺庙形式修建的，建筑工艺精湛、风格各异，即著名的"外八庙"，可以瞻仰西藏布达拉宫的气势，领略日喀则扎什伦布寺的神圣，一睹山西五台山殊像寺的风采，品味新疆伊犁固尔扎庙的雄奇，这些寺庙众星拱月般，体现天下一统之势。

在这里，帝王们用心良苦地把通过军事征战才可实现的"定国安邦"用艺术的手段体现了出来，从而达到了使北方少数民族心悦诚服的目的。在这里还有一个"热河化兵"的传说。当初未建避暑山庄时，有位总兵上书，请求拨款重修长城，以固边防。康熙不同意，认为要太平，关键在上下一心，众志成城。后来，随着避暑山庄的修建，热河小城也逐步形成。与其他古城不同的是，这里地势开阔，无险可守，却不曾建城墙城门，但建城300余年也未曾刀兵相见。乾隆不仅把承德当"夏都"，也视为联合、融汇各民族的"平台"。

康熙皇帝的笔下，承德"地扼襟喉趋朔漠，天留锁钥枕雄关"。说来奇怪，地理位置如此显要的地方，城内外虽然曾多有战事，热河省境内，亦不乏血战杀场，但唯独热河城下，从未动过刀枪，每次双方还没开战，城里军队便早已撤离，故热河城又有"不战之城"的美誉。这里是燕文化与中原文化、草原文化与农耕文化相互交流的地方，也是北方少数民族与汉族人民碰撞融合的地方。

如今，这里皇家文化独树一帜，有世界现存最大的皇家园林避暑山庄，皇家寺庙群外八庙；佛教文化底蕴深厚，作为藏传佛教圣地，来过的几位班禅均称承德是一处"文明、祥和的福地"；民俗文化也别具特色，因为承德自古是少数民族的聚居地，从而形成了特有的民族民俗文化。"河的源头、云的故乡"，这里奇峰异石突出，丹霞地貌文

化也是大放异彩。

另外，剪纸作为地域传统家庭文化和民族艺术的遗产，遍布承德各县区，尤以丰宁剪纸最为著名。

三晋屏藩：大同

大同位于山西北境。传统上，大同以北是以畜牧业为主的蒙古族生活区；大同以南，则主要是以半农牧和农业为主的汉族居住区。这里不仅是不同经济方式的分水岭，自古以来，也是民族争夺最为激烈的地区之一。

据史书记载，春秋时期大同一带为匈奴先祖北狄的活动范围，他们不时南下掳掠人口财物，是中原诸国的心腹大患。到了战国时期，三晋之一的赵国展开了一场空前的改革，具有忧患意识的赵武灵王提倡胡服骑射，并凭借强大的军事实力驱逐了匈奴，在山西北部开疆拓土，设立了云中、代、雁门三郡，大同即属云中郡。秦始皇统一中国后，推行郡县制，首次设平城县，属雁门郡，大同开始走上历史的舞台。

平城一带，东北、西北、西南三面环山，几条发源于内蒙古高原的河流穿越其间，形成一些天然谷道和山隘，成为南北往来的必经之路。北方的匈奴也常通过这些交通孔道南下侵扰中原地区，直接威胁着平城及其以南地区的安全。

汉高祖七年（前200年），匈奴单于冒顿大举南侵，刘邦亲率三十万大军迎战，却被匈奴十万精兵围困于平城白登山（今山西大同东北马铺山）达七天之久。这就是历史上著名的"白登之围"。"白登之围"充分表明了大同的重要军事地位。作为北方的军事重镇，历代统治者无不在此驻以重兵、倍加防范。

公元3世纪，活动于今东北大兴安岭一带的鲜卑族拓跋部兴起。东晋太元十一年（386年），拓跋珪在盛乐（今内蒙古和林格尔）建国，史称北魏。398年拓跋珪自盛乐迁都平城，定都于此达97年，历六帝七世，在大同的土地上留下了弥足珍贵的文化遗产，其中以云冈石窟为代表的一批佛教文化遗存，是平城时代最辉煌的记忆。云冈石窟开凿于大同市西16公里的武周山（又名云冈）北崖，石窟依山开凿，东西延绵达1公里，现存主要洞窟53个，大小造像51000余尊，是中国规模最大的古代石窟群之一。它与敦煌石窟、洛阳龙门石窟并称中国北方地区的三大石窟。

文明皇后冯氏为孝文帝祖母，在孝文帝继位至北魏迁洛以前，文明皇后为北魏的实际执政者，她的权力凌驾于皇权之上。在文明皇后执政的太和年间，她推行了一系列旨在实现全面封建化的政治改革。这位权倾一时的皇后，不仅生前要控制北魏大局，死后也要日夜注视她生活和统治过的城市。永固陵的位置显然经过了精心的选择，它处于御河上游两条支流之间的高阜之上，居高临下地俯视着平城。而被她控制的孝文

帝，只在永固陵旁修建了一个狭小的寿宫。不过，急于摆脱文明皇后阴影的孝文帝最后并没有葬在这里，文明皇后去世三年后，孝文帝力排众议，迁都洛阳，最后葬在河南洛阳市西北孟津县麻屯镇官庄村的长陵，陪衬在永固陵一侧的万年堂实际上成为了一座虚宫。

北魏迁洛以后，平城的政治地位下降，城市发展停滞不前，到了孝昌二年（526年）北魏六镇地区的人民发动了大规模的反魏斗争，起义军攻入平城，城市遂陷残破。此后的各代，大同分别做过恒州、云州等州的州治。大同这一名称的出现迟至辽代。辽重熙七年（1038年）分云中县的一部分建置大同县，此后至今的近千年，大同这一名称没有改变。

雁门锁钥：代县

代县是山西忻州地区所辖县，位于山西东北部，雁门关脚下。春秋时为晋地，战国时归赵，秦属太原郡，东汉属雁门郡，三国归魏。十六国时，先后被汉、后赵、前燕、前秦、西燕、后燕六国更迭占有。隋初设代州，代州之称始于此。

代县是中国著名关隘雁门关的所在地，是中国北方军事重镇，城隘建造年代久远，境内文物荟萃，古迹众多，民俗民居独具特色，民间美术驰名中外，1994 年被国务院公布为国家历史文化名城。代县境北障勾注塞，山峭隘险，素称"三关重地，九塞之首"，为幽燕入关之要径，系晋秦之安危，为历代兵家必争之地。据史书记载，2000 多年来发生在县境内的战争多达 150 起。

代县城池历经沧桑，屡毁屡修，明清时成为北方有名的重镇。现有文物景点 272 处，其中国家级 1 处，省级 5 处，县级 51 处。有"威镇三关"的长城第一楼边靖楼，规模宏大的文庙，高耸入云的阿育王塔，第二悬空寺赵杲观，驰名中外的雁门雄关，蜿蜒磅礴的内长城，庄严肃穆的杨家祠堂和香火旺盛的园果寺等。

代县名人名将辈出，古文化典籍丰富，有"文献之邦"之称。佛家大师有昙鸾和慧远，文学家有元代的萨都剌，明代的张凤翼、孙传庭，清代的冯如京、冯云骧、冯志沂等，历代镇守代州的名将有李牧、李左车、薛仁贵、郭子仪、杨业等。

代县人素有剪纸、作画的传统，代县民间美术别具特色，1988 年被文化部命名为中国民间绘画画乡。

 晋商余韵：平遥

历史悠久的山西省，为中华文明留下了许多优秀的文化遗产。从远古的黄帝蚩尤之战、大禹治水的传说，到大槐树下的 7 次大移民，再到近现代的晋商、铁路与煤矿，不断为山西积淀着深厚悠远的文化意蕴。而在此之中，人们的视线总会被一座古老的城市所吸引。它经历了 2700 多年的悠久历史，却仍然完美地保留着古风古貌，堪称中华民族的文化瑰宝，这就是位于山西省中部的古城平遥。

平遥古城始建于公元前 827 年—公元前 782 年间的周宣王时期，为西周大将尹吉甫驻军于此而建。自公元前 221 年起，平遥古城历尽沧桑、几经变迁，成为国内现存最完整的一座明清时期中国古代县城的原型。迄今为止，古城的城墙、街道、民居、店铺、庙宇等建筑仍然基本完好，原来的形式和格局大体未动，它们同属平遥古城现存历史文物的有机组成部分，有"中国古建筑的荟萃和宝库"之称，文物古迹保存之多、品位之高实为国内所罕见。

在平遥古城中，有规模宏大、气势雄伟、国内保存最完整的古城墙；有始建于北汉天会七年（963 年）、被列入中国第三位的现存最珍贵的木结构建筑镇国寺万佛殿；有始建于北齐武平二年（571 年）、被誉为"中国古代彩塑艺术宝库"、现存宋元明清彩塑 2052 尊的双林寺；有中国宋金时期文庙的罕见实物——文庙大成殿；有中国金融业的开山鼻祖，被誉为"天下第一号"的"日升昌"票号。同时，平遥古城是中国古代民居建筑的荟萃中心之一。古城内现存着约4000处古、近代民居建筑，无不体现着中国古、近代北方民居建筑典型的风格和特点。

平遥古城的城墙始建于西周。周宣王姬静时，派大将尹吉甫北伐俨狁时驻兵于平遥，出于军事防御需要，筑素土城墙。平遥古城素有"乌龟城"之称。平遥的城墙，墙体内填土夯实，外周青砖砌裹，顶部铺砖排水，城墙四角各建角楼，东南角还建有魁星楼一座。城墙的东西设有城门两道，每道城门都突出在墙体外部，有里外二门，呈瓮形。由于瓮城共有6座，这就形成"乌龟城"之说。人们认为南北两门像头、尾，东西四门像四只脚。南门里外两门直通，像龟的头部向外伸出，正好南门外有两眼水井，人们将两眼水井喻为乌龟眼睛。北门的外门形状向东弯曲，又似龟尾东甩。整个城池以市楼为中心，由城墙和大街小巷组成一个庞大的八卦图案，向世人展现了传统的文明和文化。

山西晋商的大名天下皆知，古城中自然也少不了这一特色。明清商业古街位于平遥古城的南大街，该街是古城文化遗产的精华之一。商业古街地处古城中心，是古城对称布局的轴线。平遥古城以南大街为轴线，以古城最高建筑市楼为轴心，形成左祖右社、左文右武、文武相遥、上下有序的对称布局。明清街在古城中的位置十分重要，750多米长的古街上，汇集大小古店铺78处。早在20世纪，平遥便因商业繁荣，门类齐全，信誉卓著而享有"小北京"的美誉。平遥城中，有中国第一家票号——日升昌，坐落于"大清金融第一街"平遥古城西大街的繁华地段。日升昌创建于清道光四年（1824 年），历经百年沧桑，业绩辉煌，执全国金融之牛耳，分号遍布全国 30 余个城市、商埠重镇，远及欧美、东南亚等国，以"汇通天下"著称于世。

平遥城隍庙位于古城内东南，该庙历史上屡遭灾患，也经历过多次修葺，现存的建筑为清同治六年（1867 年）所重修。现存庙宇为明清规制，整座建筑由城隍庙、灶君庙、财神庙三组建筑群组成。城隍居中，灶君财神各居左右，坐北面南，前后四进院，占地 7302 平方米。平遥城隍庙建筑风格独特，手法精美，集技术、艺术与文化知识于一体，是国内保存最完整的城隍庙之一。城隍庙与县衙署对称设置，"阴阳各司其职"，是古代"人神共治"思想的明确反映，是研究古城礼制特色、宗教体系、建筑艺术和思想文化不可多得的历史遗产。

平遥古县衙坐落于县城内政府街（明代称衙道街，清代叫衙门街），建筑规模宏阔，形制独特。县衙大门坐北朝南，面宽三间，进深两间。中间是走道，前檐东侧放置有一面喊冤鼓以备百姓击鼓鸣冤。大堂是整个县衙中的主要建筑物，矗立在高于地面半米多的台基地上，这里是知县举行重大典礼、审理重大案件以及迎送上级官员的地方。

平遥民居也是平遥古老民俗的一大亮点。平遥城地势平坦，街道规整，四合院横向联合或纵向扩展都有良好的地理条件。多种多样的四合院群体，为居民的合家聚居提供了物质条件，使封建时代数世同堂的世俗观念得以传承。体味平遥，便是要细细品尝那蔓延 2700 年的悠远历史，品味那积淀深厚的山西文化，品味那特色鲜明的古老民风。脚踏在平遥城古老的街道上，你会感觉到自己已经置身于历史之中，聆听着千年时光的悠然诉说。

第三章
华中历史名城

九朝古都：洛阳

　　洛阳是一个千年古都，先后有九个朝代在此建都，因而有"九朝古都"的美称。洛阳与长安合称"两都"或"二京"，班固有《两都赋》，张衡有《二京赋》，铺叙了当时规模巨大的这两个京都的景象。

　　洛阳位于洛水的北岸，"处天下之中"，是联系我国古代东西南北的交通要冲。从地理形势看，北面是邙山，南面是嵩山，东面是虎牢，西面则与秦岭相连，是一个理想的建都之地，更是一个政治和军事的必争之地。

　　第一个在洛阳建都的是周朝。早在周灭殷之初，周武王就因洛阳"处天下之中"而有意向想在那里建都，但他的计划还未实现就去世了。周公秉承周武王的遗志营建洛邑，造了东西两座新城，西面的称王城，东面的称成周城，只是西周最后并没有迁都。直到周幽王烽火戏诸侯在骊山被杀之后，他的儿子周平王才迁都去了洛邑，史称东周。所以东周是第一个在洛阳建都的朝代。

　　第二个在洛阳建都的是东汉。刘邦建立汉朝之初也曾定都洛阳，后因五行犯忌（刘邦自称赤帝之子，以火德得天下，与洛阳之水犯忌。水火不能相容，且水能克火，更为大忌），遂迁都长安。后来刘秀在打跑王莽建立东汉之后，才定都于洛阳。东汉的洛阳是在成周城的基础上加以扩建而成的。新建的洛阳城在当时非常繁华，但在东汉末年，董卓的一把火却把这座繁华的古都烧成了一片废墟。

曹丕当了皇帝后，又以洛阳为都，重新营建。以后的西晋、北魏也先后在这里建都。洛阳又逐渐复兴了起来。

洛阳在隋唐时期最为鼎盛。隋文帝虽建都长安，隋炀帝继位后，却一直想迁都洛阳，于是就以洛阳为东都，进行了大规模营造，并开掘大运河疏通南北。大业二年（606年）隋炀帝正式迁都洛阳。唐初曾以洛阳为行宫，唐太宗时，洛阳又成了东都，其地位与长安相等。武则天时又迁都洛阳，并改称神都。武则天正式称帝改唐为周后，又把洛阳称为周都。直至唐中宗复位后，洛阳才重新被称为东都。

五代时，后梁和后唐也都在这里建都，只是时间都很短，不足二十年。梁太祖朱温是在汴州即皇帝位的，他把汴州称为东都，所以那时的洛阳就被称为西都了。后晋石敬瑭一度也曾在此建都，只是时间更短（不足一年），所以人们一般不把它计算在内，否则洛阳也是十朝古都了。

洛阳的名胜古迹非常多。这里有我国最早的佛教寺院白马寺，有闻名世界的龙门石窟，有龙门石窟造像记中为人称道的"龙门二十品"，有西晋富豪石崇的金谷园，还有人称"花中之王"的洛阳牡丹等。

"洛阳地脉花最宜，牡丹尤为天下奇"，"春时，城中无贵贱皆插花，虽负担者亦然；花开时，士庶况为遨游"。洛阳丰富的牡丹文化，也成了华夏河洛文化的一朵奇葩。

牡丹是我国传统名花，风华绝代，艳冠群芳，自古就有富贵吉祥、繁荣昌盛的寓意，寄托了美好的祝愿。唐代李正封有"国色朝酣酒，天香夜染衣"的诗句，又使"天香国色"成为牡丹的雅号。正因为其在民间所受拥护之高，使其高贵中增添几分平凡。

牡丹根植河洛大地，始于隋、盛于唐、甲天下于宋。相传，一代女皇武则天曾在一年寒冬设宴赏花，令百花绽放，唯牡丹不从，武则天就将其贬至洛阳。岂知牡丹竟在洛阳城内万朵怒放，惊动全城。这下可真正惹怒了威严的武则天，她于是下令火烧牡丹。可怜的牡丹全部烧焦，惨不忍睹。可是，第二年，春风拂过，春雨洒过，牡丹花却又开花吐蕊傲然枝头，而且花更大，色更艳，长安牡丹烧完了只剩下洛阳，洛阳牡丹遂扬名天下。

每年四月，芳菲渐尽之际，洛阳城内外花开如海，人潮如织。痴情的看客，他们跋山涉水，远渡重洋，千里迢迢来到花城，为的就是一睹牡丹的倾国容颜。

"一方水土养一方人，一方水土也养一方花。"九朝古都因为牡丹而骄傲，牡丹因为代言千年帝都而荣耀，真乃"花开花落二十日，一城之人皆若狂"，"唯有牡丹真国色，花开时节动京城"。

"中国第一古刹"白马寺是佛教传入我国后由官方建造的第一座寺院。北魏、唐宋时代，佛教流人中原，盛极一时，当时的白马寺巍峨庄严，善男信女络绎不绝，香火缭绕，千余名僧人们每天早晚按时上殿诵经念佛。每天早上东方泛白，晨光微露时，钟声悠远，远闻数里，到了明代，寺内有口大铁钟，钟声特别洪亮。据传这口钟与洛阳东大街钟楼上的一口钟音律一致，可以共鸣。民间流传着"东边撞钟西边响，西边撞钟东边鸣"的佳话。

洛阳的千年佛教文化，在龙门凝聚。和佛教祖庭白马寺一脉相连的龙门石窟，位于洛阳城南伊水两岸的龙山和东山上，创建于北魏孝文帝时，迄今已有1500年的历史。因为这里东、西两山对峙，伊水从中流过，看上去宛若门阙，所以又被称为"伊阙"，唐代以后，多称其为"龙门"。

历史上的洛阳曾几经变迁。现在所谓的老城，只是明清以至民国时的洛阳城。古朴的石板小巷，明清风格的老房子错落有致，老字号的店铺，斜阳余晖下，人影踽踽，仿佛流泻出一种逝去的王都气象的落寞。

七朝都会：开封

开封，简称汴，现为河南省地级市，是我国七大古都和国务院首批公布的24座历史文化名城之一，位于中国版图的中部，地处中华民族历史文化摇篮的黄河之滨，是一座历史文化悠久的古城。在中国的

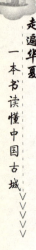
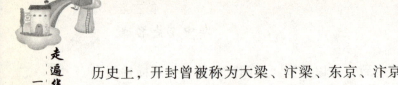

历史上，开封曾被称为大梁、汴梁、东京、汴京等。自建城至今已有2700多年的历史。开封与现今的西安、洛阳、北京、南京、杭州、安阳、郑州并称八大古都，在国内外享有盛名。

开封是中华民族的主要发祥地之一。夏朝曾在开封一带建都157年，称老丘，商朝在开封一带建都27年，称嚣，后均废。春秋时期，郑庄公在此修筑储粮仓城，定名为"启封"，取"启拓封疆"之义，后避汉景帝刘启之讳改名为开封。

战国时期的魏，五代时期的后梁、后晋、后汉、后周，北宋和金均定都于此，素有"七朝都会"之称。尤其是北宋时期，从陈桥兵变到南宋偏安，历经九帝168年，"人口逾百万，货物集南北"，是当时全国的政治、经济、文化中心，也是国际性的大都会。北宋画家张择端的《清明上河图》和孟元老的《东京梦华录》，生动地描绘了古都开封当时的繁华景象。这一时期的开封，涌现出了清正廉明的包公、满门忠烈的杨家将、民族英雄岳飞、图强变法的王安石等一大批具有重要影响的历史人物，对中国历史的发展产生了重大影响。元代时开封为河南行省治所，明代为周王府，清代、民国为河南首府，新中国成立后为河南省会。1954年10月省会迁郑后为省直辖市至今。

开封是中原旅游区重点观光游览城市，史有"一苏二杭三汴州"之说。古人的"琪树明霞五凤楼，夷门自古帝王州""汴京富丽天下无"等诗句，都生动地描绘了古都开封的繁荣景象。现在，全市各级文物保护单位184处。在这里，千年铁塔——繁塔巍然耸立，在宋、金故宫遗址上建造的龙亭雄伟壮观，明朝修筑的城墙古迹斑斑，道教建筑延庆观风格别致，开封最古老的名胜古吹台古朴典雅，以雕刻艺术著称的山陕甘会馆玲珑剔透，还有著名的中原古刹相国寺宏丽华美。开封还是我国著名的"北方水城"，水面面积占城区面积的 1/4，龙亭脚下的潘、杨二湖，迎宾大道两侧的包公湖犹如四块巨大的碧玉镶嵌在古城，令人赏心悦目。

殷商旧都：安阳

安阳是甲骨文的故乡。甲骨文，是中华民族最早所使用的文字，是所有文字的始祖。如若没有甲骨文的发明，金文、篆体、楷书、行书都不会被发展出来。说安阳是历史的"书写者"，自然并不过分。

位于安阳的中国文字博物馆，是我国唯一以文字作为主题的国家级博物馆，馆藏文物 4123 件，仅一级文物就有 305 件，可见安阳在文字发展史中占据着一个何等重要的地位。而位于安阳市西北的殷墟，自然成为了中国第一个有文献记载、并已经被甲骨文和考古发掘所证实的商代的都城遗址。

青铜时代，中国最繁盛的都城就是这里。商王盘庚在这儿建都，创造了以甲骨文、青铜器和玉器为代表的殷墟文化。用灿烂来形容殷

墟，也都觉得似乎少了那么点儿力度；作为商代晚期的国都，殷墟濒河而建，规划形式在当时已是出奇宏大，完全体现了一个高度繁荣的国都应有的气派。殷墟宫殿以土木为主要建筑材料，这对中国古代的宫殿宗庙建筑产生了重要的影响。而从此之后一直到现在，聚居和群葬依然是中国人心中不容改变的传统。以宗族为单位的民居，成片分布，并铺设了陶制排水管道，其聚族而居、聚族而葬的形式，一直延续至今。十二座王陵大墓和在它们之中令人震惊的人殉与牺牲，则组成了中国目前已知最早也是最完整的王陵墓葬群。安阳的殷墟，代表了中国古代早期王陵建设的最高水平，而安阳，默默地记下了这一切，使它变成了首个有文字记载的都城。而在这里出现的青铜文化也达到了历史上空前的高峰——有名的后母戊鼎，就是在这里出土的。

"殷都废而邺都起，邺都衰而相州继，相州改而彰德立"，曹魏、后赵、冉魏、前燕、东魏、北齐等朝纷纷在这儿建都。铁打的安阳，流水的统治者，但古都文明，的的确确在这片阅历丰富的土地上保留下来了。

在商朝的辉煌之后，春秋时期于安阳城北筑了邺城。东汉末年曹操夺取邺城，把它营造为事实上的政治中心。在此之后，后赵、冉魏、前燕、东魏、北齐皆定都在这里。终于到北朝末年，邺地成为了当时全国最富庶繁华的地区，邺城也成为一个真正意义上的大都会。

邺城功能明确而结构严谨的"中轴线"布局规划，对后来以长安城为代表的都市规划有着相当深远的影响。直到今天，我们依然能从遗留至今的石窟造像和北朝大墓等文物古迹之中，看到邺城昔日的辉煌发展。除了经济之外，邺城的文人还为后人留下了"建安风骨"这

样的精神遗产，以"建安七子"为代表的文学风格，在中国文学史上，留下了浓墨重彩的一笔。

北宋时的相州城修建得极为雄伟壮丽，甚至让宋太宗说衙门的华丽程度可与他的宫殿比肩。金代升相州为彰德府，发展到了明清时期，彰德已是天下之要府，成为地方政治经济中心。

虽然，安阳在杨坚焚毁了邺城将居民南迁至此之后，失去了都城的地位，但殷都和邺都所发祥的深厚文化无法被剥夺。这片土地上的人们依然拥有物质无法超越的宝贵财富。

如果我问你："你知道羑里城吗？"也许你会笑着摇摇头。可是如果换个问法，"你知道《周易》吗？"我想，没有几个中国人会不知道这样一部重要的思想著作吧？是的，《周易》就诞生在位于安阳城南15公里的羑里城，说起来，这里还是中国有文字记载的第一座国家监狱呢。"文王拘而演周易"——周文王在这里的时候，将伏羲八卦推演为64卦，进而推测社会和自然的发展与变化，提出了"刚柔相对，变在其中"等流传千年的哲理。《周易》是儒家思想的重要组成部分。"太极生两仪，两仪生四象，四象生八卦……"人人都会念，但真能领悟这从古代的安阳诞生，千百年来始终有着旺盛生命力的奥妙著作的，又能有几人呢？

人杰地灵而历史悠久的安阳，有着难以计数的历史传说，也出过太多令人尊敬的古代英杰。除了周文王，还有上古的颛顼帝，治水而三过家门不入的大禹，商王武丁的妻子妇好，背后刺字"精忠报国"的岳飞，兴修水利的西门豹，锐意变革的商鞅，农民起义军——瓦岗军的首领翟让，元代戏曲作家郑廷玉和关汉卿等。其中商王武丁的妻

子妇好也是一位令人敬佩的巾帼英雄呢!

妇好是我国有文字记载的第一位文武双全的女将军。在甲骨文中,和她有关的记载多达 200 余条。武丁通过发动战争,把商朝的版图逐渐扩大,可是为他东征西讨的大将居然是他的妻子。据记载,曾有一年北方边境的战争僵持了很久,妇好主动请缨要求上阵,武丁占卜之后才决定派她起兵,最终大胜,从此妇好便成为军队的统帅。她曾率领 13000 余人——可别小看这个数字,这相当于全国一半以上的兵力——去攻打前来侵略的敌人,凯旋。这可是商朝历史上最大的战争!除此之外,妇好还是国家的主要祭司和占卜之官。通过祭祀参与政事,成为一位出色的女政治家。在男性已经占据社会主导地位的商朝中后期,妇好居然可以担任这么多重要的职务,并因功勋卓著而深得百姓爱戴,足以见得她的本领有多高强了!

在妇好积劳成疾逝去之后,武丁对她予以厚葬,并修筑享堂时时纪念。妇好墓就位于安阳小屯村,出土过大量的陪葬品,可见妇好生前被武丁重视的程度。

今天的安阳,似乎已经没有了古时候的辉煌,但它与生俱来的韵味,时时提醒着人们,这里是一块有着无数传说、钟灵毓秀的宝地。在物欲横流的现代社会里,也许重温古人的故事,能在众人皆醉之间看见这里还亮着的一盏灯火,看见生命最初的模样。呼吸着每一口带着古风的空气,发思古之幽情,一定会听见历史在为你轻轻歌唱。

南都帝乡：南阳

南阳，古称宛，殷商时，武丁"奋伐荆楚"，把这里作为前哨阵地，秦置南阳郡，郡治于宛。又因其位于伏牛山之南，居汉水以北，故名南阳。西汉时"商遍天下，富冠海内"，为全国六大都会之一。清代，驿道开通，南船北马，商贾云集，繁荣昌盛。

西汉末年，当时的封建王朝土地兼并十分严重，没了地的百姓只得沦为奴隶，百姓怨声载道，天子统治风雨飘摇。

王莽登基称帝后对此进行了著名的"王莽改制"。后来，改革失败了，土地兼并问题不仅没得到解决反而愈演愈烈，加上此时，天灾人祸一起袭来，各种灾祸疾病迅速蔓延。新朝天凤年间，水深火热中的百姓们忍无可忍，纷纷自发组成了不同派别，揭竿而起，天下大乱，局势扑朔迷离。

刘秀本是皇族后裔，和自己的兄弟与南阳宗室子弟在南阳郡的春陵乡起兵，后来人们也把刘秀兄弟的兵马称作春陵军。当时，新军刚组建，乌合之众偏多，加上粮缺兵弱，十分落魄，甚至连战马都十分稀有。"成大事者不拘小节",见此情形,刘秀竟然骑上一头牛就上阵杀敌了,经过多次激战,颠覆了王莽政权,长达十数年之久的统一战争后,刘秀先后平灭了诸多割据政权,终于登上了帝位,使得自新莽末年以来,纷争战乱长达20余年的中华大地再次归于一统。为表重兴汉室之意,刘秀建国仍然使用"汉"的国号,史称后汉,因为都城洛阳位于东方也叫东汉。

史载,刘秀还是一个没落皇族之时,就十分仰慕南阳有名美女阴丽华的美貌,后来,也终于抱得美人归,将阴丽华封为皇后。

历史悠久的南阳人才辈出,历代文人骚客贤士英才都曾在南阳驻足,谋圣姜子牙、商圣范蠡、医圣张仲景、科圣张衡、智圣诸葛亮这五个圣人,在南阳的历史上各自抒写了名垂千古的一笔,留下了永不磨灭的光辉。

吕尚,姜姓,字子牙,被尊称为太公望,后人多称其为姜子牙、姜太公,中国历史上最享盛名的政治家、军事家和谋略家。

姜子牙年轻时十分穷困潦倒,上通天文下知地理的他一直饱受怀才不遇之苦,在刻苦钻研诗书典籍的同时,为了生计,他做过宰牛卖肉的屠夫,也干过贩卖酒的小商贩。商朝末年,朝政黑暗,民怨鼎沸,百姓生不如死,而此时,西边的属国周王朝正日渐强盛,如一颗冉冉升起的新星。见此情景,目光远大的姜子牙决定辅佐周王朝灭商。于是,他离开家乡,来到了周的领地渭水之滨,终日以钓鱼为生,实则是在暗地里等待时机,一展拳脚。据说,姜子牙钓鱼用的是直钩,鱼没有钓上来,却钓上来了一个周国国君。此后,佐周灭商,创建齐国,成就功业。"姜太公钓鱼,愿者上钩"的典故也为后世传为美谈。

范蠡要是在现代可谓是史上最大的"裸捐"者了。他本是春秋末年著名的政治家、军事家和实业家，"劝农桑，务积谷""夏则资皮、冬则资絺、旱则资舟、水则资车，以待乏也"都是他著名的经济思想，他被后人尊称为"商圣"。

出身贫寒的范蠡在当时政治黑暗的楚国根本无法施展抱负，他决定辅佐越王勾践灭吴。被拜为上大夫后，他陪同勾践夫妇在吴国为奴三年，后来终于消灭了吴国，成就了一方伟业。

聪明的范蠡知道越王是能共患难而非同享富贵之人，在帮助越王灭了吴国后便辞去官职带着西施泛一叶扁舟遨游名山大川去了。这期间，范蠡带领着子孙耕田种地，务农经商，成为一方富豪。"千金散尽还复来"，三次成为巨富又乐善好施的他三次都将财富全部捐给了穷苦的百姓，自号陶朱公，当地百姓都把他当成了财神爷。

张仲景，东汉末年著名的医学家，南阳人，被称为医圣。死后遗体被后人运回故乡安葬，并在南阳修建了医圣祠和仲景墓。他曾写出了传世巨著《伤寒杂病论》，它确立的辩证论治原则，是中医临床的基本原则，也是中医的灵魂所在。

出生于没落官僚家庭的张仲景，从小就饱读诗书典籍。他从史书上看到了扁鹊望诊齐桓公的故事后，对扁鹊十分敬佩，也在心里埋下了悬壶济世的愿望。他出生时正值东汉末年，天下大乱，穷兵黩武，百姓困苦不堪，不少人只好远走他乡另谋生路。更为可怕的是，当时各地连续爆发瘟疫，疫情十分严重，可谓"家家有僵尸之痛，室室有号泣之哀"。此情此景，深深刺痛了张仲景，他发誓一定要成为一代名医解救百姓于水火之中。于是，十岁就师从张伯祖的他，刻苦钻研，

埋头学医，终成一代名医。

当时封建社会，很多百姓有了病宁愿相信神魔鬼道，请巫婆道士来家里做法也不愿去找大夫，而那些牛鬼蛇神也趁机愚弄百姓，骗取钱财。这样一来，不少病人都耽误了医病的时机，不仅花了银子还白白搭上了性命。医德高尚又疾恶如仇的张仲景总是痛心疾首地劝有病之人相信医学，并尽心尽力医治他们，使不少百姓重获健康。如此医德怎能不深受百姓爱戴，流芳百世呢？

直到今天，百姓们谈到地震仍然是"闻震色变"，而早在几千年前，东汉时的张衡便发明了第一架测试地震的仪器——地动仪。不仅如此，他还制造出了指南车、自动记里鼓车、飞行数里的木鸟等，为我国古代的科学技术发展做出了卓越的贡献。

"隆中方略，三分天下"，南阳卧龙岗武侯祠内还有座诸葛庐，建于魏晋，盛于唐宋。相传，这里便是诸葛亮隐居时的草庐。虽几经损毁，但又几经修复，不难看到人们对这位"智圣"的钦佩和敬仰。

"齐僮唱兮列赵女；坐面歌兮起郑舞"。很久以前，南阳的土地上便有先人优美的歌声传出，东汉时期，作为全国的政治、经济、文化中心，歌舞艺术也得到了极大的发展，舞乐、百戏更是大放异彩。大约在明清之际，我国近现代汉族民歌的格局差不多已经形成，千百年来，南阳民歌伴随着民间歌舞，在这块古老的土地上繁衍生息，流传发展，形成了独具特色的文化传统，深受楚声、楚俗古老的地域传统影响，又与相邻地区不断交汇融合，源远流长，多姿多彩。

南阳境内多河流，抛锚、起锚、撑篙、行船，勇敢无畏的船夫们在与险滩风浪进行殊死搏斗的过程中产生了优美激昂的号子，闯滩时，

拉纤时，险滩时，吼上几声，顿时士气大振。

还有一种比较特别的是歌、舞、乐三者融为一体的民间歌舞——灯歌。南阳古代已有玩花灯的传统习惯，欢快热烈，热情奔放，在灯歌流传的城镇，百姓们张口就来，历史传说，爱情故事，浓浓的生活气息在歌中弥散，幽默诙谐，风趣生动。

 # 文明发祥地：商丘

商丘位于平坦如砥的豫东平原，简称商或宋，是华夏文明和中华民族的重要发源地，拥有8700余年文明史，5200余年建城史，1500余年建都史，为六朝古都、国家历史文化名城。

商丘历史悠久、文化灿烂，有巢氏、燧人氏、高辛氏、朱襄氏、葛天氏等古代帝王先后在商丘建都立国。五帝之一的帝喾建都商丘，在位70年，天下大治。商丘为夏朝中期的主要都城。华商始祖王亥开创了华夏商业贸易之先河，为商人、商品、商业的缔造者，商汤灭夏后在商丘建立商朝。

周朝将殷商后裔微子封于商都故地，建立宋国，春秋战国时期宋

国商丘诞生了墨子、庄子、惠子等伟大的哲学家、思想家及文学家，老子、孔子、孟子等也长期在商丘讲学论道。

永城芒砀山上，孕育了一代代帝王的王朝万象。汉高祖刘邦在此斩白蛇起义，从此奠定了汉家数百年历史。此后，芒砀山上风云变幻，留下了峥嵘的历史，也留下了璀璨的汉梁文化。汉梁文化，上承先商，为西汉及其以后的商丘文化，在中国文化史上大放异彩。

西汉王朝建立后，在承袭秦朝制度实行郡县制的同时，又先后分封异姓王、同姓王，形成了郡县制与封国制并存的局面。梁国便是当时九个封国中鼎鼎大名的一个，兵强马壮，富饶强盛。梁国初封之人为彭越，都城在定陶（今山东菏泽市定陶县），后迁都商丘睢阳，从公元前202年初封，到公元9年国绝，历14王，211年。

刘武时期，梁国国力达到鼎盛，疆域广大，拥有四十多个大县，梁王刘武本不是皇帝，只是一个诸侯，但其母窦太后十分宠爱这个儿子，加上他与哥哥汉景帝关系亲密，自然是权倾朝野，雄霸一方。"七国之乱"时，刘武力阻叛军西进，功劳不小，"得赐天子旌旗，出入千乘万骑，东西驰猎，拟于天子"。当时国泰民安，出现了盛极一时的"文景之治"。

永城芒砀山梁王墓地，犹如一座地下宫殿，是目前中国所发现的年代最早、规模最大的汉墓群。当年雄霸一方的诸侯气势仍处处可见，精美的汉代壁画、金缕玉衣、玉蝉、玉璧、铜剑、青玉戈、鎏金车马器、骑兵俑……墓室顶部，有一幅被称为"敦煌之前的敦煌"的大型彩色壁画，一条飞腾的巨龙，朱雀，白虎，怪兽，灵芝，祥云……整整比敦煌壁画要早600多年。

宋太祖赵匡胤发迹于宋州，故国号宋，商丘为北宋陪都。"靖康之变"后，赵构于商丘登基。

明清时，商丘称归德府。归德古城建于明朝弘治十六年（1503年），距今已有 500 余年的历史，保存完好，是全国重点文物保护单位。

如今的商丘古城内街道仍保持着古代的建筑风貌，明末清初文学家侯方域的"壮悔堂"坐落在古城内，吸引着八方游客。城南古宋河畔有八关斋，上面镌刻着唐朝大书法家颜真卿的手迹《八关斋会报德记》。明嘉靖以后至清初，商丘古城内出过两位大学士（宰相）、五位尚书以及十多位侍郎、巡抚、御史、总兵等。

商丘太古老了，地下文物层层叠叠，不可胜数，诉说着它的前世今生。由于几千年来黄河决口所致，现今的商丘古城以下还叠压着六座古城。每一座古城都是一个传奇，每一座古城都是中国历史的一个篇章。

20 世纪 90 年代初，美国哈佛大学的华裔考古学家张光直从美国 20 世纪 60 年代的航拍照片上发现：位于商丘古城及其西南部的方向，地下隐约叠压着几座古城的遗址。随后，他极力建议中美联合发掘商丘古城，并希望在此基础上找到这里的先商遗址。四年之后，中国社会科学院考古研究所与美国哈佛大学皮博迪博物馆联合组成考古队，在豫东大平原的一层层黄沙之下，找到了从上至下叠压着的宋代应天府城、隋唐时代宋州城、汉代睢阳城和西周宋国都城遗址。

这一层层叠压在历史中的文明奇迹，立体地再现了商丘自建城以来近五千年的古代城市变迁史。犹如活化石一般，实现对其准确地层

层剥离，对于研究中国古代城市的布局、特点、建筑规制，有着极为重要的典范意义，同时也为研究中国古代城市发展史以及相关时期的历史风貌，提供了极为珍贵的实物证据。

屈贾之乡：长沙

　　长沙为湖南省会，有文字可考的历史达3000多年之久。古人观星授时，分周天星空为28宿，又按星宿分野。南方朱雀七宿中的轸宿"长沙"星所对应的这片地方就叫"长沙"，因而长沙又有"星沙"之雅称。史书记载长沙之名最早见于《逸周书·王会篇》，书中所载献周王的贡品有"长沙鳖"之称。关于长沙名称的由来，还有"万里沙祠""长沙洲""沙长如米""祭祀女神之地"等诸多说法。长沙西濒湘江，东瞰临湘山，秦代长沙郡治设于湘县，汉代改称临湘县，故长沙又称"湘城"。

　　古长沙的史前文化有许多动人的传说。尧舜之前，长沙为扬越之地，属古三苗国。炎帝教耕，"崩葬于长沙"。黄帝"南至于江，登熊湘"，把熊湘封给他的儿子少昊，熊、湘二山即在长沙。舜帝南巡，

"葬在长沙零陵界中"。禹分九州，长沙在荆州境内。相传大禹治水，到过长沙，至今岳麓山还留有禹碑、禹迹蹊等胜迹。

春秋时期长沙被纳入楚国版图，战国时城邑颇具规模，已为楚南重镇。秦王扫六合，立国分36郡，长沙郡名列其内。自此，长沙作为地方一级行政区划的治所历代相传。西汉封长沙国，都城为临湘。长沙王刘发的六世孙刘秀建立东汉帝国，复置长沙郡。三国时，长沙属吴国，1996年走马楼出土大量孙吴纪年简牍。两晋南朝置湘州，长沙又为湘州治所。隋唐两代曾为潭州，唐代中期还是湖南道的治所。五代十国时，楚踞湖南，以长沙府为国都。明清两朝长沙府辖12个州县。清康熙三年（1664年），两湖（湖南、湖北）分藩，长沙即为湖南省治。民国11年（1922年）定为湖南省会，1933年正式设市，直至今日。

古城长沙历史尽沧桑之变，城区在不断扩大，但城址却原封未动，长沙之名也沿袭至今，这在世界城市发展史中实为罕见。

长沙自古以来就是湖湘首邑，历史辉煌，文化灿烂，名贤荟萃，遗存丰富，素有"楚汉名城"之称。自20世纪50年代至今，已发掘春秋战国古墓3000余座，汉墓10000余座，保护完好的出土文物20多万件。全市现有国家文物保护单位7处，省级文物保护单位46处。

长沙作为历代湖南地方军政长官的驻节之地，对息境安民起着重要作用。长沙为湖南重镇，自古而然。汉代以来，有孙坚、谢安、孙盛、陶侃、褚遂良、裴休、李纲、张浚、岳飞、张孝祥、真德秀、魏了翁、辛弃疾、文天祥、季本、赵申乔、陈宝箴、黄遵宪等名人，曾在长沙任地方长官，或为一代名将，或为当世名臣，或为一代循良，把长沙治理得井井有条。长沙又是著名的古战场、历代兵家必争之地。众多名将在此挥兵鏖战，波澜壮阔。东汉末年刘备、关羽大战长沙，在此招纳黄忠、廖立、蒋琬等众多名将贤臣；初唐名将李靖平定三湘，驻扎靖港；南宋末潭州知州李芾率全城军民血战元军，直到矢尽粮绝；明末李自成大顺军与明将何腾蛟在长沙联合抗清；近代太平天国战争中，太平军与清军在长沙展开了攻与守的殊死拼搏。在中国近代史中，左宗棠率湘军从沙俄手中收复新疆，威震天下，有"无湘不成军"之誉。在抗日战争中，日军三攻长沙不下，使长沙更具英雄气概。

"长沙，楚之粟也"，到唐代已有"三秦之人待此而饱，三军之众待此而强"的美名。大诗人杜甫"市北肩舆每联袂，郭南抱瓮亦隐几"的诗句记载了潭州集市的盛况。晚唐长沙窑首创釉下彩工艺，产品远销10多个国家。五代时长沙茶叶贸易盛极一时。宋代潭州商税名列全国第四，排在扬州、苏州、福州、广州之前，仅次于杭州、开封和楚州。元代潭州的油漆广告是我国现存最早的印刷广告实物。明代长沙府提出"聚四方之财，供一方之利"的战略，耗巨资开河通商，蔚为壮观，长沙成为中国四大茶市之一。到清代，长沙又成为中国四大米市之一，有"长沙财赋甲天下"之美名。四大名绣之一的湘绣，八大菜系之一的湘菜，为长沙商贸注入几分文化底蕴。

长沙有"屈贾之乡"的雅称。屈原、贾谊、李邕、杜甫、柳宗元、刘长卿、杜荀鹤、欧阳修、姜夔、范成大、杨万里、袁枚等古代文学巨匠都曾"一为迁客去长沙"，为古城留下了千古绝唱和传世碑刻。长沙又是湖湘学派的发祥地，宋代著名的朱（熹）张（栻）会讲在这里展开；清初王夫之又把湖湘学派的经世致用之学提到新的高度。医圣张仲景担任过长沙太守，药王孙思邈、欧阳玄、王先谦，书法家欧阳询、怀素、钱希白，文学家齐己、李东阳、冯子振，画家易元吉、齐白石，经学家易袯、王闿运，戏剧家杨恩寿、田汉、欧阳予倩等，更为历史文化名城增添万般姿色。

长沙有"潇湘洙泗"盛名。北宋开宝九年（976年）创立的岳麓书院是宋代四大书院之首，是世界上延续至今的高等学府中建立最早的一座，"惟楚有材，于斯为盛"。清道光二十七年（1847年），湖南30多位士子会试京师，长沙府竟中10位进士，且状元、会元、解元皆为长沙学子独占。湖南近代几个人才群体先后有贺长龄、贺熙龄、陶澍、魏源，曾国藩、胡林翼、左宗棠、罗泽南、郭嵩焘，唐才常、沈荩、黄兴、陈天华、杨昌济等都就读于岳麓书院或城南书院。晚清教育救国思潮在长沙此起彼伏，长沙时务学堂和浏阳算学馆是中国最早的新式学校之一。近代师范教育，长沙独步一时，著名教育家徐特立贡献卓越。"北有南开，南有明德"，长沙近代的基础教育更是有口皆碑。

长沙具有光荣的革命传统，故有"革命摇篮"之称。在中国近代史上，三湘志士会集长沙，谋求祖国富强与民族独立之道，探索革命真理，前赴后继，革命斗争风起云涌。

1894年中日甲午战争以后，中国被迫订立《马关条约》，国难当头，民情愤慨，终于引发了著名的戊戌维新运动。在此期间，著名维新思想家梁启超来到长沙，与长沙维新志士谭嗣同、唐才常等一道，在以湖南巡抚陈宝箴、按察使黄遵宪为首的省政当局支持下，在长沙兴学堂、立学会、办报纸、建工厂、开矿山、设保卫局，使湖南一举成为全国"最富朝气的一省"。

五四运动揭开了中国近代新民主主义革命的第一页。长沙与北京遥相呼应，毛泽东、蔡和森、何叔衡等聚会爱晚亭等地，组织新民学会，举办《湘江评论》，开始探索改造中国社会的正确道路。

九省通衢：武汉

武汉是武昌、汉阳、汉口三镇的总称，因三处皆有一字在"武汉"之中而得名。武昌之名源于三国时期，当时孙权定都鄂州，而今武昌一带更名，取"以武治国而昌"之意。汉阳为"汉水之北，龟山之南"，而古语中有"水之北为阳，山之南为阳"，故得名。武昌与汉阳有"双城"之称，此最早见于元代诗人余阙诗中。而后双城演变为三镇，汉口原名为夏口，明代时为汉阳下属的镇，也是四大名镇之首。苏轼《赤壁赋》中"西望夏口，东望武昌"中的夏口即此地。

曾听有人说武汉是中国最有市井气的城市，而武汉的拥挤和嘈杂，也可能是初次去武汉的人的感受。俗语说："天上九头鸟，底下湖北佬。"这自然不是一句褒奖的话，可这也是被普遍肯定的，武汉人做生意之精可见一斑。它的市井气，它的精，非"一日之寒"，而这也是促成武汉成为中国一个特大城市必备的素质。

近代的城市里，敢说"大"的城市不多，大上海是典型，而除了上海，能称之为"大"的，实在少得可怜，武汉却又确实是"大"。

武汉的"大"自唐代时便可见，那时的汉阳被誉为"东南巨镇"，是长江中游货物的集散中心。宋代的武昌也是繁华兴旺之地，大诗人陆游在途经武昌时便写下了"市邑雄富，列肆繁错，城外南市亦数里，虽钱塘、建康不能过，隐然一大都会也"的句子。到了明代，汉口已经成了中国内河的第一港口，也是全国水路的枢纽，"货到汉口活"这句话在那时便像输送到全国的货物一般流传开来。不仅如此，汉口还是与北京、苏州、佛山并称的"天下四聚"，看见这段历史不能不为之咋舌，其兴盛之景已不是我们可以想象的了。据记载，清朝时，汉口仅"盐务一事，亦足甲于天下"。

武汉自古繁华，而武汉这个繁华都市的市井之气也就延续至今了。所谓"市井"并非贬义，而是说其市民的活跃，这便是武汉让人印象最深的。而如果不精明的话，自古的繁华想必也难以持续。

民国时期，有美国人称赞汉口之热闹繁华，而将其在中国的地位与美国芝加哥相比，可人们叫了一阵子没有叫响也就作罢了，大概现在的武汉也就没有那么显赫，它的繁华也没有那么耀眼了。

武昌起义打响了辛亥革命的第一枪，建立了湖北军政府，定国号为中华民国，成为全国的革命中心。1927 年，汪精卫在武汉建立伪政府，却无法与南京的蒋介石唱个持久的对台戏。抗战时期，武汉也当了几天的首都，却太早地沦陷了，辉煌稍纵即逝。武汉的地位多少显得有些尴尬，新中国成立后几年，即使是成为了中国重要的重工业基

地的现在，却也不能跻身中国大都市的前列。

武汉人多少有点觉得委屈，但武汉人爽朗的性格决定了这个城市并没有因此而气馁。在改革开放后，它努力发展工业，大批"武"字头的工业落户武汉，这些业绩都凸显了武汉在新政策之下的勃勃生机。未来的一个"大武汉"正蓄势待发。

黄鹤楼是武汉旅游的招牌景点，与江西岳阳楼、滕王阁合称中国三大名楼。古代的文人爱登楼赋诗，而更爱这座高楼，如"昔人已乘黄鹤去，此地空余黄鹤楼"已是我们能脱口而出的名句了，且崔颢、李白、白居易、陆游、张居正等名士皆有吟咏这素有"天下第一楼"美誉的黄鹤楼的诗篇。关于黄鹤楼的传说，自古不一，其中有个故事是这样的：古代武昌蛇山上有座酒楼，掌柜姓辛，此人很慷慨。某日有道士来饮酒，辛掌柜不收其酒钱。道士为感谢辛掌柜的千乘之饮，临别时，用橘子皮在墙壁上画了一只仙鹤。谁知此仙鹤在客人来饮酒时，会跳舞劝酒。从此酒店生意红火，辛掌柜也靠此发了财。十年后道士重来，歌笛一曲，只见白云朵朵空中来，仙鹤随之起舞，道士也骑鹤而走了。辛掌柜为纪念此事，在蛇山上兴工动土，建高楼一幢，取名黄鹤楼。

归元寺与宝通禅寺、溪莲寺、正觉寺今称为武汉佛教的四大丛林。归元寺的名字取佛经"归元性不二，方便有多门"之意，含义为"佛法是相同的，但学习的方法多种多样"。归元寺内有两件珍品，一是在长宽不过 6 寸的纸面写着由 5424 个字组成的"佛"字，写着全部《金刚经》和《心经》的经文；二是血书《华严经》和《法华经》。寺内藏经阁内藏有宋代《碛砂藏》、清代《龙藏》等珍贵经卷。

古琴台又名俞伯牙台，相传楚国琴师俞伯牙经过汉阳，一晚在月下鼓琴，遇樵夫钟子期深解其琴中之意，知其之志在高山流水。后来，伯牙又经过龟山，得知子期去世了，伯牙奏完一曲《高山流水》后，便破琴绝弦，终生不再鼓琴。后人感其友谊深厚，特建此台纪念。

武昌东湖是中国最大的城中湖，为山水秀丽的旅游胜地，湖岸曲折参差，有"九十九湾"之称。新中国成立后，毛泽东主席除了中南海外，居住时间最长的地方就是东湖了。此外，晴川阁、武昌起义军政府旧址等也是各地游人喜爱的景点。

毛泽东主席曾在诗中兴奋地写到"才饮长江水，又食武昌鱼"，而后武昌鱼就跟着此佳句走红了，成了去武汉人们必尝的食物。老通城——豆皮、四季美——汤包、蔡林记——热干面、小桃园——瓦罐鸡汤是武汉四大名小吃，而从武汉走出来的"精武路鸭脖""周黑鸭"等也都已经悄悄成了我们生活的一部分。武汉天气闷热，现代的武汉人多爱夜宵，起先是在门外放张小桌子，乘着凉，喝点小酒，再上点凉菜便很好了。后来越来越多，发展成了以吉庆街为中心的夜宵排档。尤其是夏天，晚上武汉的夜宵排挡要热闹到凌晨，这近乎一种习惯了。

作为"九省总汇之通衢"的武汉，可谓群贤毕至、才俊荟萃。有明代军事家、民族英雄熊廷弼；武昌起义现代革命军孙武；中国共产党政治活动家、教育家，中国早期青年运动的领导人之一恽代英；早期革命家项英等。

湘北门户：岳阳

岳阳是洞庭湖明珠，是长江流域一座重要的历史文化名城。它东倚幕阜山，西临洞庭湖，北接万里长江，南连湘、资、沅、澧四水，素有"鱼米之乡"的美誉。现已列为对外开放的甲级旅游城市，是世界龙舟文化的故乡。岳阳素称"湘北门户"，历史上是兵家必争之地。

岳阳闻名天下，当是一楼使然。据史书记载，1700多年前，东吴派大将鲁肃镇守巴丘，鲁肃便在此地铸巴丘城，在洞庭湖边操练水军，并建检验水军的阅军台，此台便是天下第一楼——岳阳楼的前身。至唐开元四年（736年），名相张说谪守岳州，扩建阅军台后，称南楼，后改名为岳阳楼。宋代的范仲淹把对岳阳的吟诵推向了高潮，他写下的《岳阳楼记》成为了千古奇文，"先天下之忧而忧，后天下之乐而乐"成为众多的仁人志士忧国忧民的高尚情怀的写照。

岳阳有着悠久的历史，新石器时代，人们就在这里繁衍生息。夏商时期，这时为荆州之城、三苗之地。春秋战国时代属楚。周敬王五十年（前505年）就在这里筑起了西糜城，是为境内建城之始。建安十五年（210 年），东吴孙权在今平江县东南的金铺观设汉昌郡，这是岳阳市境内之始。三国时，东吴派横江将军鲁肃率万人屯驻于此，修巴丘邸阁城。晋武帝太康元年（280 年）建立巴陵县。惠帝元康元年（291 年）置巴陵郡。郡治设在巴陵城，从此岳阳城区一直作为郡治所。南朝宋元嘉十年（439 年）置巴陵郡。隋文帝时，精简郡县，废巴陵郡，建为巴州。隋开皇十一年（591 年），改巴州为岳州。1983 年岳阳市升为省辖市。

岳阳不仅历史悠久，而且文化灿烂。自古以来，在这块神奇的土地上，曾出现过许多仁人志士、英雄豪杰，流传着许多动人的故事。

伟大的爱国诗人屈原，当他理想破灭，以死向邪恶势力抗争的时候，他选择了岳阳土地上的汨罗江作为自己生命的最后归属。从此以后，"日夜江声下洞庭"的汨罗江就一直驰骋着一股悲壮的英雄气概。一代诗圣杜甫，拖着病残的身体，瞻仰屈原祠，登临岳阳楼，写下了著名的诗篇《登岳阳楼》。不久，病死在岳阳市境内的平江县。还有李白、韩愈、白居易、孟浩然、陆游、欧阳修等著名的诗人，都曾先后来到岳阳吟诗作赋，留下了许多动人的篇章。

岳阳还有许多动人的传说，二妃哭舜、柳毅传说……使岳阳这块土地披上了神奇的色彩。岳阳还是三国时代众多英雄豪杰纵横驰骋的地方，钟相、杨幺起义，更是把君山作为大本营，演出了一幕幕悲壮的历史剧。老一辈无产阶级革命家彭德怀同志在平江举行声势浩大的起义，使岳阳成为了现代革命的发祥地之一。

固若金汤：襄阳

　　襄阳，汉水穿城而过，自古便有"南船北马""七省通衢"的称号。都说襄樊虽然是个历史悠久的古城，但它没有帝王之都的深沉厚重，山之峻，江之清，借得一江春水，赢得十里风光，像个秀丽的姑娘，自古就是商贾会集之所，兵家常争之地。

　　襄阳市被汉水分为南北两城，南为襄城，北为樊城。樊城始于西周，因周宣王封仲山甫于此而得名；襄阳始建于西汉初年，以县治位于襄水之阳而得名。武帝时属荆州刺史部南郡。王莽时曾一度改称"相阳"，东汉光武帝时恢复原名，仍属荆州南郡。

　　建安十三年(208 年)，曹操控制了南郡北部，置襄阳郡，郡治在襄阳城内。东晋时，因雍州人避难流入襄阳等地，为安置流民，孝武帝时曾以襄阳为中心侨置雍州。明洪武初年，属湖广行中书省襄阳府。李自成一度改称襄阳为襄京。

　　杜甫诗曰："即从巴峡穿巫峡，便下襄阳向洛阳。"李白在《襄阳曲》中写道："襄阳行乐处，歌舞白铜鞮。江城回绿水，花月使人迷。"襄樊自古既是群雄逐鹿的战场，也是历代文人骚客荟萃之地，留下了李白、杜甫、孟浩然、张继和宋代书画家米芾等无数名人雅士的墨宝和诗篇。

襄阳古城始建于西汉，至今已有 2800 多年。东汉末为荆州牧治所，改建于唐宋，增修于明清，宋朝时，军民倚仗着坚固的城池抵抗勇猛的元军，令不善水战的十万蒙古铁骑六年不得进。历经 200 多场战火洗礼，巍巍城墙依然完好，一条护城河从三面缓缓流过，襄阳城是目前全国保存较好的几座古城之一，以"铁打的襄阳"和"华夏第一城池"著称。城头的号角虽已不再吹响，烈烈战旗也不见踪影，可昔日金城汤池的雄风仍然可见一斑。

襄阳自古就是商贾云集和兵家必争之地，也是中原文化和楚文化的汇合地，历史的烟云早已散去，但平静的小城内曾经先后演绎过卞和献玉、司马荐贤、马跃檀溪、水淹七军、岳飞收复襄阳之战、李自成进占襄阳之战、张自忠枣阳抗日会战以及解放战争中的襄樊战役等重大历史事件。

襄樊是三国故事的源头，《三国志》中 86 卷中有 18 卷写到襄阳，《三国演义》中 120 回有 32 回故事发生在襄阳，现存有 50 余处三国历史文化遗址遗迹。史载水淹七军之役发生在建安二十四年（219 年），是关羽生平较为得意的一次战役。

这一年，刘备命令关羽加紧进攻，关羽派两个部将留守江陵和公安后，自己亲自率领驻扎在江陵的大部分荆州军队，浩浩荡荡地向襄阳、樊城进发，一路上锐不可当，很快将襄阳、樊城分别包围起来。樊城守将曹仁抵挡不住关羽军队的进攻，连连向曹操告急求援。曹操

怕胆小怕事的曹仁弃城不应战，一面嘱咐他一面派遣于禁、庞德两员大将率领七支人马前去增援曹仁，抵御关羽军队的进攻。

当时正值八月，时逢阴雨连续下了十多天，汉水暴涨溢岸，各支流和山洪一起爆发，而曹军的大队人马却错误地驻扎在低洼地区。长期征战在荆襄地区的关羽，对于这里的天气与地形早已烂熟于心，水淹七军之计油然而生。他命令荆州军造大船，并调水军集结待命。天时地利人和，汉水猛涨，平地的水高出地面有一丈多。当于禁与诸将反应过来想撤退时，城内早已是一片汪洋，里里外外都是水，根本没有容身之处，浩浩荡荡的七军于是皆被大水淹没。这时，关羽趁着有利形势加紧进攻，命令他的水军乘船猛烈攻击被大水围困的曹军，并在大船上向曹军避水的堤上射箭，曹军死的死、落水的落水，可谓一片惨烈。眼看就要全军覆没了，无路可退的于禁只好向关羽举起白旗，而大将庞德却顽强抵抗，最终被关羽擒住并杀死。这就是史上著名的关羽水淹七军一役。

襄樊也是以诸葛亮为文化核心的三国文化发祥地之一。在襄阳西边有个古隆中，群山环拱，据《舆地志》记载："隆中者，空中也。行其上空空然有声。"隆中因此而名之。相传，古隆中是三国时期杰出的政治家、军事家诸葛亮青年时代隐居的地方。而历史上著名的"三顾茅庐"与"隆中对"也发生在这里。诸葛亮《出师表》中曾说："先帝不以臣卑鄙，猥自枉屈，三顾臣于草庐之中。"

东汉末年，黄巾起义，天下大乱，曹操坐据朝廷，孙权拥兵东吴，当时的刘备势力最为弱小，简直不堪一击。当时，他和勇猛无敌的关羽、张飞结为手足兄弟，发誓共进退，史称"桃园三结义"，传为千古佳话。这"勇"有了，"谋"在哪呢?要想成就天下霸业光靠两个拳头当然行不通，古往今来，哪个千秋伟业的君主没有个贤士谋臣的辅佐?刘备当然明白这个道理。

这个时候，火烧眉头的刘备听闻诸葛亮才华不凡，惊为天人，求贤若渴的刘备马上和关羽、张飞带着礼物到隆中卧龙岗请这位仙人出山辅佐他的兴国大业。不巧的是，诸葛亮这天正好不在家，失望的刘备只得败兴而归。没过多久，不死心的刘备又带着自己的两个兄弟关羽、张飞冒着大风雪第二次去隆中请诸葛先生出山，但诸葛亮又外出闲游去了。这下，性急的张飞不愿意了，他本来就对这位素未谋面的卧龙将信将疑，让他三人大老远的又白跑一趟，如此大的架子要来何用?便嚷嚷着要回去。刘备没有办法，只好留下一封信，信的内容大概就是表达了一下自己对诸葛先生的敬仰之情，久闻大名之类的赞美，然后道出自己想请他出山帮助自己匡扶社稷，一起打江山的意愿。

又过了一段时间，刘备"不到黄河心不死"，为表诚意还吃了三天素再去请诸葛亮。这回，连关羽也不愿意跟着掉价了，而急躁的张飞甚至嚷道干脆用绳子五花大绑把他捆来。最后，关羽和张飞拗不过刘备，第三次跟着他来到了隆中请诸葛亮。皇天不负有心人，这一次，诸葛亮终于在家了。无奈的是，三人赶到时已经是中午，诸葛亮正在睡觉。刘备不敢惊动他，一直站到诸葛亮醒来，才彼此坐下谈话。当问起统一天下大计时，诸葛亮精辟全面地分析了当时三分天下的局势，提出了首先夺取荆、益二州作为根据地，对内改革政治，对外联合孙权，南抚夷越，西和诸戎，等待时机，两路出兵北伐，从而统一全国的战略思想的宏伟蓝图，这次谈话即是著名的"隆中对"。

诸葛亮见刘备态度如此诚恳，又是真心立志为国，便决心助他一臂之力，之后多年更是殚精竭虑、尽心尽力地辅佐刘备，出谋划策，帮他建立三分天下有其一的蜀汉王朝，留下了不少流传千古的佳话。

编钟之乡：随州

随州是个不大的地方，根本不能和北京、武汉相比；随州也不是个太繁华的地方，根本不能和上海、广州相比；随州自然也不是个太出名的地方。

这样看来，随州似乎是个太过于寻常普通的城市，不了解它的人自然会轻易看轻这里，但当你用心慢慢去体味这个古老的地方，随手去触摸一下它的历史与文化，一定会为之震惊。

5000多年前至6000多年前，便有人类在这块土地上繁衍生息，从这悠久的历史中可见，随州可算是个养人的好地方。最重要的莫过于这里是炎帝神农氏的故乡，我们最早的祖先就是生活在随州的，华夏文明从这里出发。

关于炎帝和神农氏是否同一人的争论一直没有停息过，但"合二而一说"占了优势，是当今的主流。关于炎帝的资料，很多都是带有神话的色彩，而关于我们最早的祖先，很多人倒是愿意相信他是不平凡的，品味关于他的传说和故事也自是一番乐事。

相传其母名女登，一日游华阳，被神龙绕身，感应而孕，生下炎帝。传说炎帝人身牛首，头上有角。炎帝生于烈山石室，长于姜水，有圣德，以火德王，故号炎帝。炎帝少而聪颖，三天能说话，五天能走路，三年知稼穑之事。

按照传说里的描述，炎帝长得实在太古怪了，而且和阎王爷的小鬼"牛头"太相像了，这自然不足为信。但是他的聪颖还是有根据的，因为其制作耒耜，教民耕种；遍尝百草，发明药茶；治麻为布，制作衣裳；日中为市，首倡交易；削桐为琴，练丝为弦；弦木为弧，剡木为矢；作陶为器，冶制斤斧；台榭而居，安居乐业等，对于处于初级阶段的人类，这些丰功伟绩没有聪颖的天资条件是不可能的。

在诸多贡献当中，人们最熟悉的当是制耒耜、种五谷的事情了，这实现了人类文明史上从采集、渔猎野蛮时代到农耕文明时代的重大转变。"神农"一词中的"农"字就完全体现了这一伟大创举。

百姓学会了耕种才得以丰衣足食。而为了让百姓不受疾病之苦，炎帝尝遍了各种药材，以致自己一天中七十次毒。他还制作乐器，让百姓懂得礼仪教化。

炎帝是世代被人传颂的君主，"他不望其报，不贪天下之财，而天下共富之。智贵于人，天下共尊之。他以德以义，不赏而民勤，不罚而邪正，不忿争而财足，无制令而民从，威厉而不杀，法省而不烦，人民无不敬戴。"

而同时，黄帝的部落也在黄帝英明的治理下日益强大，而后与炎帝的部落相较量，这就是著名的阪泉之战。关于这次战役，有一种说法是，因为同是华夏的民族，两位首领都不忍心在同一种族之间展开屠杀，于是通过庙堂的论战来判定输赢。阪是古时一种饮水的木具，炎帝和黄帝双方一边都有一个土池，每一个论点谁赢了，谁就在面前木具之上放玉石雕刻，木具倾斜，木具之上的水就会流入倾斜的一方，直到谁的池水先满，谁就为最后的赢家。

这当然是种最理想的办法，但是却太过理想化。根据一些史料的记载，阪泉之战是双方之间一场投入巨大的战役，而黄帝"三战，然后得其志"。炎帝向黄帝认输，表示愿意听从黄帝的命令。黄帝的妻子亲自教给炎帝部落的人养蚕缫丝，黄帝让人把造车、造船的技术教给他们。炎帝也把木犁和草药送给了黄帝。

关于对战后情况的描述，说法不一。炎帝的部落为黄帝部落里的一个小宗，但后世以为同是华夏的民族，没有大小之分，而后他们的子子孙孙也就被称作"炎黄子孙"。

随州另一个显赫的名字便是"编钟之乡"。1978 年在随州近郊擂鼓墩曾侯乙墓发掘出一套重五吨、完整无缺的编钟，编钟是由六十五件青铜编钟组成的庞大乐器，其音域跨五个半八度，十二个半音齐备。它高超的铸造技术和良好的音乐性能，改写了世界音乐史。两千多年前，便有如此精美的乐器，在世界文化史上是绝无仅有的。这套编钟如此稀有，自然是"国宝"级的，它的使用必须经过国家特批，自它出土之后仅奏响过三次，分别是出土当年的建军节那天，中华人民共和国成立 35 周年时，还有香港回归时。如果有幸能听到这套编钟的演奏可谓人生一大幸事。这件稀世珍宝也被誉为古代第八大奇迹。

2010 年 6 月 8 日，中国音乐家协会授予随州"中国编钟之乡"之名。这是中国音乐家协会授予的第一块牌子，其含金量自不言而喻了。

随州这个名字与历史上隋朝这个伟大却短暂的王朝有着很大的关系。杨坚的父亲杨忠的封地在随州，曾被北周封为"随国公"。杨坚袭此封爵，即位后立国号为"随"，但其认为"随"有走的意思，恐不祥遂改为"隋"。

随州在唐代出了个号"紫阳"的道人，因其道术高深，人们只尊称其道号，而对其俗名久之失知，只知道他姓胡，故称之为"胡紫阳"。李白的"仙风道骨"是他诗文中的一大特色，也是其为人处世的态度。李白对道教的文化很感兴趣，而他在随州遇见了道行高深的紫阳先生，遂经常向他请教。紫阳先生对李白的道教思想有巨大的影响，为表感谢，李白多首诗中都有赞美紫阳先生的句子。而其中《题随州紫阳先生壁》便是其中最著名的一篇，诗中有句"复闻紫阳客，早署丹台名"，可见李白对紫阳先生的推崇非同一般。

而另一位宋代文豪、唐宋八大家之一的欧阳修对随州的印象也颇深。欧阳修的父亲欧阳观去世后，其母便带着四岁的欧阳修去随州投靠其叔父欧阳晔。欧阳修在随州生活了 17 年，后因赶考才离开随州。其叔父欧阳晔为官的正直、清廉对他产生了很大的影响，而在随州的 17 年也是欧阳修一生汲取营养的时候，这对他人格的塑造有不可或缺的作用。而 20 年后到随州探望其叔父欧阳晔，重游李园而写下了流传千古的《李氏东园记》，"随虽陋，非予乡，然予之长也，岂能忘情于随哉"。

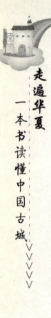
随州这个小城，没有多少可歌可泣的大事件，没有多少万人敬仰的大人物，但是小城也有小城的味道，这味道便是小得精致，每个地方都有每个地方的独特韵味，每个地方都值得欣赏，值得琢磨。这就是随州。

四战之地：荆州

荆州古城墙的修造史，可以追溯到 2800 多年前的周厉王时期。秦将白起拔郢后，繁华一时的楚郢都（今湖北江陵县附近）遭到了毁灭性的破坏。秦汉时的江陵县和南郡治所只得南移到楚郢都以南的楚渚宫(楚王的别居之宫)，于是一座新城在楚渚宫的旧址上建立起来了。

历史上的荆州城往往是历代王朝封王置府的重镇。秦时，这里置南郡设江陵县，西汉沿袭秦代郡县制，汉武帝时划分全国为十三州，荆州是其一，汉代的荆州城已成为长江流域重要的商业都会之一。荆州迅速发展与其优越的地理条件有着密切的关系。秦统一中国后，从江汉之间通往中原的南北向线路上升为全国范围内的南北交通大动脉。直到宋代，这条陆路交通线路的重要地位才因以大运河的修建和交通线的东移而有所降低。

古老的荆州进入寻常百姓的视听恐怕与《三国演义》有很大的关系。在魏、蜀、吴三国鼎立的时代，荆州是兵家必争之地。据统计，在120回的《三国演义》中就有72回的内容涉及荆州。刘备借荆州与关羽大意失荆州的故事可谓脍炙人口。蜀国失去荆州以后，荆州成为孙吴与曹魏争夺的目标。有趣的是，在魏国与吴国境内出现了一南一北两个荆州，魏国的荆州在今天的南阳，而吴国的荆州就在今天的江陵。从208年的赤壁之战至西晋灭吴的七十多年中，与江陵有关的大战多达六七次。所以，三国时代的传奇人物、著名的军事家诸葛亮在《隆中对》中说道："荆州北据汉沔，利尽南海，东连吴会，西通巴蜀，此用武之国。"古人称荆州为四战之地，可谓名不虚传。

在中国古代州府一级的城市中，荆州古城墙坚强的守持受到世人的瞩目。荆州城垣是我国延续时间最长、跨越朝代最多且由土城发展演变而来的唯一的古城垣，也是荆州这座饱经战乱的城市留给后人的最珍贵的文化遗产。

根据文献记载，最早在江陵构筑城垣的是三国时蜀国大将关羽，晋代的桓温又加以拓建。五代十国时期，割据荆州的南平王高氏父子为了加强防务，驱使人民挖开城外几十公里范围内的古墓，以获取修筑砖墙所需的砖块，一时间，荆州城附近的许多古墓被挖了个底朝天。两宋之交，经过靖康之变的战火，荆州城墙破坏殆尽，南宋孝宗时，荆州安抚使赵雄又修筑砖城。元兵攻占荆州后，元世祖忽必烈下令拆除城墙。明朝建立后，重修江陵城墙，设东门、小东门、南门、西门、小北门、大北门6个城门，但明代墙垣在明末李自成农民起义中基本上被拆毁了。

现在的荆州城墙，是清顺治三年（1646 年）在明代城墙旧址上重新建造起来的。雍正六年（1728 年）、乾隆二十一年（1756 年）、乾隆五十三年（1788 年）、嘉庆八年（1803 年）等又多次重修荆州城墙。

荆州古城墙高大的墙体、瓮城和敌楼都是出于军事防御的需要，除此之外，荆州古城墙引人注目的还有藏兵洞等众多配套的军事设施。在城墙的四面各设一座藏兵洞，洞分上下两层，可容纳千人。每层又有小的藏兵洞，每个小洞可容二人，洞中设有射击孔。藏兵洞所在的墙体向外呈长方形突出，从三面射击孔齐发暗箭，使攻城之敌猝不及防。

祥瑞钟聚：钟祥

钟祥，取自"钟聚祥瑞"四个字。单从名字上，就容易让人把它与祥瑞、安康、福气之类的词联系在一起。人们都说它是块宝地，是块福地。明嘉靖皇帝曾费尽心思力排众议，只为了将他的生身父母安葬在钟祥这块风水宝地。而生活在这里的祖祖辈辈钟祥人如今也正是以长寿而名扬天下。

翻开钟祥的历史，清新而浪漫的楚文化气息扑面而来。作为楚文化主要发祥地之一，在这片古老而神奇的土地上，有文字记载的历史长达 2700 多年。

春秋战国，钟祥称"郊郢"，是楚国陪都，为楚之"别邑"。战国后期为楚国都城。三国时吴置牙门戍筑城，名为石城，现在还存有部分石城遗址。西晋至明朝为郡、州、府治，明朝时是全国三大直辖府之一承天府所在地。

这里是嘉靖皇帝生养发迹之地，遂御赐县名为"钟祥"，取"祥瑞钟聚"之意。悠久的历史，孕育了光辉灿烂的楚文化，造就了楚辞文学家宋玉、楚歌舞艺术家莫愁女等一批在历史上产生深远影响的人物。

众所周知，自《诗经》以后，中国的诗歌独盛于楚。钟祥是楚辞的重要发源地。屈原、宋玉曾在钟祥行吟，开创了楚辞的先河，在我国最早的诗歌总集《诗经》的三百零五篇中，就有十数篇如《关雎》《汉广》等充满楚国意绪的诗文离不开钟祥这片沃土。

兰台曾经是楚王的行宫，是楚王与群臣议政的地方，又是楚国的文化中心。因钟祥的郢中曾是楚国的"别邑""郊郢"，很长一段时间是楚国的国都或陪都。《文心雕龙·时序》记载说："唯齐、楚两国，颇有文学。齐开庄衢之第楚广兰台之宫。"屈原的辞赋著作中，竟有三十多个"兰"字。

兰台最早得名于一个传说。据说当年大禹治水时曾在钟祥筑东、中、西三台以匡救世人。此后禹帝南巡，并亲手在台上植蕙兰，称之"兰台"。高耸百尺的兰台，春天一到，兰花遍开，幽香四溢，满城兰蕙芬芳，清香馥郁的气息缭绕在楚国亭阁楼台，也熏香了潺潺远流的汉水。历朝历代，文人常雅集于兰台，行吟游唱，酣畅恣意。雅文绵

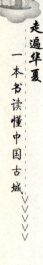

绵、文风鼎盛的兰台自然留下了不少为后人传颂的墨宝。难怪有诗赞云："百尺兰台气象雄，披襟况有大王风。"

而兰台真正扬名还要归功于一个美男子——宋玉。宋玉本是钟祥本地人，也是屈原的弟子，在楚怀王、楚襄王时做过文学侍从。楚襄王在郢中称王理政期间，多次在兰台游乐，当时都有文学才子宋玉随从。兰台之宫上，常传出二人爽朗的笑声和大声的应答。作为帝王，当面顶撞讽谏他不仅达不到效果还随时可能送命，而聪明的宋玉却巧妙地在谈笑风生中借物讽谏，如其《风赋》中以问答形式将兰台之风分为"大王之雄风"和"庶人之雌风"，雄风只有最高统治者才能享用，而雌风属于庶民百姓，讽刺楚王淫乐骄纵，毫不体恤百姓疾苦，借自然现象阐明了治国安民的道理。除了著名的《风赋》还有《对楚王问》等名作佳篇，因此才有了"雄风""怨秋"的典故。不仅使得"雄风"成了兰台的千古绝唱，也使钟祥兰台成为了名副其实的雄风之源。而宋玉的才华和人品的光芒更为后人所称颂，明朝的孙文龙为宋玉留下诗篇："大夫遗井尚幽深，迢递悲伤国士心。泮水清波相映曜，不知何处有兼金。"

据说，宋玉不但文章写得出色，人也长得俊美无比，古人形容美男子常常爱用"颜如宋玉，貌比潘安"。

"舞榭歌台，风流总被雨打风吹去。"作为楚王行宫的兰台，当年的金碧辉煌早已斑驳不可辨认，帝王的奢华糜烂早已湮没在岁月的尘埃中。可那清香馥郁的兰香却依旧从远古的风中传来，举目星光熠熠，风中兰香正浓。

"南国佳人字莫愁，至今生长有芳洲。"郢中城西的汉水岸边，有驰名千载的楚国歌舞艺术家莫愁女的故乡——莫愁村。在钟祥，关于莫愁女的民间传说非常多。莫愁女出生时啼哭不止，他父亲抱着她，哄着她："莫哭、莫哭，莫悲、莫悲，莫愁、莫愁!"听到"莫愁"二字，她马上停止了啼哭，于是卢公夫妻就把她取名为莫愁。

莫愁女应是楚国的形象代表，传闻她如出水芙蓉一般，舞姿如风动云霞，歌声绕梁不绝。特别是经由她完成的《阳春》《白雪》两首古琴曲的合乐人歌传唱，从此这《阳春白雪》便成为楚地民歌了，使钟祥作为《阳春白雪》的发祥地而声名远播。且歌且舞的莫愁女将曲高和寡的《阳春白雪》人歌传唱，也把楚国的歌舞艺术推向高峰，并播洒民间。古《乐府》诗云："冉冉水上云，曾听屈宋鸣，涓涓水中月，曾照莫愁行。"

有人说她美："返魂谁染东风笔，写出郢中满春色"，有人说她惹人怜："冶魂不许春风歌，散作桃花片片羞"，历代文人骚客不惜笔墨地歌颂了莫愁女对爱情的执著和真诚，同情她不幸的身世和悲欢离合的爱情故事。莫愁女的故事流传在楚郢国中，莫愁女的歌声唱在人们的心中，"家家迎莫愁，人人说莫愁，莫愁歌一字，恰恰印心头"!

钟祥有着灿烂的楚文化，也深深地打下了大明文化的烙印。明嘉靖皇帝曾发迹于钟祥，仅明朝就有六个王封在钟祥。在明代中晚叶又成为在位45年的嘉靖皇帝的兴都(即兴王都城)，钟祥进入了空前繁荣的鼎盛时期。

显陵，是明世宗嘉靖皇帝的父亲恭睿献皇帝朱祐杬与皇后蒋氏的合葬墓，始建于1519年，至今已有近500年的历史了。也许有人要问，明朝哪里有过叫朱祐杬的皇帝了？没错，中国历史上在册的皇帝

的确没有这个人，他是中国历史上，也是世界历史上唯一一个在死后被追认为皇帝的人，这也是显陵的奇特之处。明嘉靖帝为了建造父母的墓地不惜大耗人力财力。在位40余年，动用了国库40余年的库银，几万名劳力建设了40多年，才建成今天的规模。

显陵之奇特主要源于王墓改帝陵而形成的"一陵双冢"的陵寝结构，为历代帝王陵墓中绝无仅有。金瓶型外罗城、九曲回环的御河，哑铃状的两座隐秘的地下玄宫神秘莫测，吸引了古今无数人。更重要的是，显陵是明嘉靖初期重大历史事件"大礼仪"的产物。嘉靖皇帝继位时为自立体系，用武力平息了长达三年之久的"皇考"之争，其间廷杖致死17人，入狱、夺俸、充军、戍边、革职等官员达115人，从而完成了自己的昭穆体系，这一重大事件历史上称之为"大礼仪"之争。

这宏伟的"一陵两冢"下埋葬的不光是两具遗体，更多的是因为"大礼仪"之争而牺牲的明代官员们。这场流血的利益之争不仅奠定了嘉靖稳固尊贵的天子地位，更成就了恭睿献皇帝的名誉和被评为"世界文化遗产"的明显陵。

今天的钟祥不仅因古兰台、白雪楼、宋玉井、阳春白雪碑、莫愁村、明显陵等绚烂多姿的文物景观和丰富的人文底蕴被称为"大地博物馆"。更奇特的是，它更是个著名的人口大市，长寿之乡。

湘西小城：凤凰

位于湖南湘西土家族苗族自治州西南部的凤凰古城是历史文化名城，曾被新西兰著名作家路易艾黎称赞为中国最美丽的小城（"中国有两个最美的小城，一个是福建的长汀，一个是湖南的凤凰"）。这里与吉首的德夯苗寨、永顺的猛洞河、贵州的梵净山相毗邻，是怀化、吉首、贵州铜仁三地之间的必经之路。

凤凰古城风景秀丽，历史悠久，名胜古迹甚多。城内，古代城楼、明清古院风采依然，古老朴实的沱江静静地流淌城外，有南华山国家森林公园，城下艺术宫殿奇梁洞，建于唐代的黄丝桥古城，举世瞩目的南方长城……

说凤凰古城小，并非言过其实，它小到了城内仅有一条像样的东西大街，但它却是著名的"湘西明珠"。小城之内，种种充满了古色古香、古风古韵的景观令人目不暇接。有人说，凤凰古城犹如"一幅浓墨淡彩的中国山水画"，色彩虽不艳丽，却有一种独特的韵味，使人难以抗拒它的诱惑。

凤凰古城虽小，仍分为新旧两个城区。老城区依山傍水，清浅的沱江穿城而过，红色砂岩砌成的城墙伫立在岸边，南华山衬着古老的城楼。城楼是清康熙年间修建的，锈迹斑斑的铁门，还依稀看得出当年威武的模样。北城门下宽宽的河面上横着一条窄窄的木桥，以石为墩，两人对面都要侧身而过。

凤凰古城之中，最有名的无疑是那一幢幢富有浓郁土家风韵的吊脚楼。在种种游记小说之中，都对这样的土楼有着浓墨重彩的渲染，吊脚楼中居民的独特生活更是充满了浓郁的乡土色彩。但如今，河畔的吊脚楼大多已不在了，只有在回龙潭那里的十多间老屋，供后人凭吊述说。

在令凤凰古城名扬天下的人当中，沈从文毫无疑问是最为重要的一位。正是他那清新灵动而又意蕴深远的《边城》，勾起了无数人对凤凰的神往。《边城》中的世界，仿佛脱离了时光的侵蚀而单独存在，一切的邪恶，一切的肮脏，一切的卑劣，都被作者用筛子细细地筛除了。所以我们只看到了茶峒清澈透明的小溪，古老的白塔与渡船，被夕阳染成桃红的薄云，夜啼的草莺与杜鹃，月光下象征爱情的虎耳草。读着《边城》，我们随时都可以感受到湘西文化的浓郁气息。

凤凰古城有八景：东岭迎晖、南华叠翠、奇峰挺秀、溪桥夜色、龙潭雨火、梵阁回涛、山寺晨钟、兰径樵歌。景景动人、景景不同凡俗。但在人们的心目中，仔仔细细地单列这些景致，其实并没有太大的意义。凤凰古城是一个整体，一个古老的、充满了神秘气息的整体。踏在那年代悠远的青石板路上，仿佛是在聆听一首古老的歌谣。

第四章
华东历史名城

六朝的繁华：南京

　　"六朝古都" "十代都会" 这自然对南京而言是很荣耀的，但在南京建都的朝代都是些短命的王朝，与同是古都的北京、西安一较量，便颇显得尴尬。于是南京的历史是厚重却沉默的，南京不像北京城那样雄伟，也没有西安那般肃穆，于是南京这个城市的性格也是如此安静恬淡。南京的风是清新可人的，南京的水是含情脉脉的，这样诗情画意的韵味也是其他城市学也学不来的。

　　三国时期，孙权利用西麓的天然石壁为基础而修筑了石头城，并带着"建功立业"的理想在这里建都，称"建业"。其后的东晋和宋、齐、梁、陈也建都于此，于是南京便有了"六朝古都"的美称。南京也在这五朝的手上开始进一步的发展，这便形成了"六代豪华"的局面。思想家范缜；文学家沈约和谢灵运；文艺评论家刘勰、萧统和钟嵘；史学家范晔、裴松之和萧子显；佛经翻译家法显、宝去和佛驮跋陀罗；道学家葛洪和陶弘景；书法家王羲之和王献之父子；雕塑家戴逵父子；绘画家顾恺之；数学兼天文学家虞喜和祖冲之父子等先后在这豪华之地创下了卓越的业绩。

"六朝古都"之后，南京被降级为普通的州县。

五代十国期间，南唐又建都于此。但到此南京的帝王气象大不如前，南唐是个小割据政权，南唐的君主也没有多少政治上的建树，却有一身的才气，其中的中主李璟与后主李煜都是词坛上的佼佼者，南唐因此也重视文学，成为文学史上辉煌的一页。不仅如此，南唐注重农业，尤其在烈祖李昪统治时期，江南地区保持了较长时期的和平，社会生产逐渐复苏并得到迅速发展。南唐也一度出现了"比年丰稔，兵食有余"的富饶。但至李后主执政时，社会矛盾、政治矛盾积重难返，南唐最终断送在一个绝世文人的手上。

1368 年，元末红巾军领袖朱元璋在应天府称帝，因朱元璋曾有"山河奄有中华地，日月重开大宋天"的佳句，故定国号为明，以应天府为南京，作国都。南京这个名字终于出现了，而在此之前它有过 40 多个名字。1420 年年底，明成祖迁都北京，以南京为留都。

明太祖朱元璋在南京"高筑墙，广积粮，缓称王"，筑成了规模宏大的南京城墙。南京明城墙不仅是当时世界上最长的城墙，也是世界上最坚固的城墙之一。因此彼时修筑的城墙也被称作是"世界第一大城"。

太平天国时期，南京又被器重了一下，但当时的农民军在占领南京之后犯了种种错误，起义的气焰很快又被清军扑灭。太平天国和南京作为"国都"的辉煌只是短暂地明亮了一下。

1911 年辛亥革命爆发。1912 年，中华民国成立，南京成为临时首都。孙中山先生对南京赞不绝口："其位置乃在美善之地区。其地有高山、有深水、有平原，此三种天工，钟毓一处，在世界中之大都市，诚难觅此佳境也。……南京未来之发达，未可限量也。"中华民国终结了清王朝统治与延续 2000 余年的帝制。但政权遭帝国主义与封建势力联合进攻，很快夭折。窃取了革命果实的袁世凯马上又把南京的"皇冠"摘了下来。

南京国民政府至今是最后一个定都南京的朝代，1937 年日军进攻南京，蒋介石仓皇逃离。

相传秦始皇东巡时，望金陵上空紫气升腾，以为王气，于是凿方山，断长垅为渎，入于江，后人认为此水是秦时所开，所以称为"秦淮"。著名的秦淮河在历史上似乎没有给南京带来多少好名声，以致在很长一段时间里大家都认为秦淮河边上的女子一定是不知亡国恨的商女，秦淮河上飘荡的只能是《后庭花》的乐曲。但秦淮河出名妓是没有错的，其中最有名气的便是"秦淮八艳"了，柳如是、董小宛、陈圆圆、李香君哪一个不是当时博得了万千宠爱而名满天下的名妓，但这些都是有民族气节的女人，虽然大多与"红颜祸水"脱离不了干系，可这些有情有义的女子都书写了一段可歌可泣的历史。

可是大批沦落在秦淮河边上的女子能出多少个"秦淮八艳"？"商女不知亡国恨，隔江犹唱后庭花""至今商女，时时犹唱，《后庭》遗曲"等句子正反映了秦淮河上笙歌彻夜、纸醉金迷的颓靡景象。

"南京大屠杀"，这五个字每次无论是写或说出来都是件会隐隐作痛的事情，300000 的数字太过于庞大，即使当侵略这个词汇渐渐退去了血腥的色彩，任何一个中国人都不会忘记那段由累累白骨堆积而成的残酷历史。

1937 年 12 月 13 日，日军进占南京城，在华中方面军司令官松井

石根和第六师团师团长谷寿夫等法西斯分子的指挥下，对手无寸铁的南京民众进行了长达6周惨绝人寰的大规模屠杀。

进城日军约50000名，执行军纪维持的宪兵却仅有17人。日军除了对南京居民随时随地任意杀戮之外，对解除了武装的军警人员也进行了若干次大规模的"集体屠杀"，手段极其残忍。集体屠杀至少28案，而在屠杀过程中甚至出现了以杀人为乐的"杀人竞赛"，胜利者还被称为"皇军的英雄"。日军在占领南京时强奸了成千上万的妇女，估计当时发生的强暴案可能超过20000宗。中华民族在经历这场血泪劫难的同时，被夺走的图书文献共有88万册，超过当时日本最大的图书馆东京上野帝国图书馆85万册的藏书量。

而广田弘毅在致日驻美国大使馆电中承认日军在南京等地用血腥手段使"不少于30万的中国平民遭杀戮"。

朱自清在散文《南京》里说道："逛南京像逛古董铺子，到处都有些时代侵蚀的遗痕。你可以摩挲，可以凭吊，可以悠然遐想……"南京这样古老的城市自是有太多的东西留给了现在的我们，在南京走走逛逛，去园林，去陵墓里，不经意间或许也就找到了现代人遗失的古朴之美。

"千里莺啼绿映红，水村山郭酒旗风。南朝四百八十寺，多少楼台烟雨中。"东晋以来，佛教在全国范围内盛行，六朝时期，南京城内外寺庙更比比皆是。南京现在最为著名的两座寺庙是鸡鸣寺和灵谷寺。

鸡鸣寺原名同泰寺，建于南朝梁武帝大通元年。后侯景举兵破城，梁武帝饿死台城，鸡鸣寺亦毁于战乱。时光荏苒，鸡鸣寺当年的盛景不再，但选个微雨天去鸡鸣寺走走，看看背后玄武湖湖区内朦胧的花

草就能感受到一股沁人心脾的宁静。

灵谷寺始建于南朝天监十三年（514年），是梁武帝为安葬名僧宝志而建立的寺院。寺内的无梁殿，没有一根木梁，全部由砖砌成。

南京最为热闹的地方是夫子庙，夫子庙即孔庙，始建于南宋，原来是供奉和祭祀孔子的地方。孔庙、学宫与东侧的贡院组成三大文教古建筑群。现在所说的夫子庙范围扩大，包括附近一带的街道和商铺，南京的许多著名小吃皆在其中，也因傍着秦淮河，每天往来于这里的人络绎不绝。

明孝陵和中山陵是南京不可不去的地方。明朝开国皇帝朱元璋和皇后马氏合葬于此。明孝陵的神道石刻是中国帝王陵中唯一不呈直线，而是环绕建有三国时代孙权墓的梅花山形成一个弯曲的形状，形似北斗七星。作为中国明陵之首的明孝陵壮观宏伟。

中山陵是中华民国国父、中国民主革命的先行者孙中山的陵墓。孙中山在北京逝世时有遗嘱："吾死之后，可葬于紫金山麓，因南京为临时政府所在地，所以不忘辛亥革命也。"

陵墓入口处有高大的花岗石牌坊，上有孙中山先生手书的"博爱"两个金字。从牌坊开始上达祭堂，共有石阶392级，平台8个，台阶用苏州花岗石砌成。

南京的历史太深、文化太厚、景点太多，总觉得都重要都得说，却又觉得都太出名都不用说。南京其他的种种也就不多费口舌，其中的味道得自己去体味。

东方威尼斯：苏州

苏州依山濒湖，自然风景美丽如画。从它的西郊至太湖沿岸，分布着连绵不断的低山丘陵，城市东部地势低洼，湖泊密布。著名的京杭大运河由西北而东南，绕城西、城南两侧，经吴江以达杭州。肥沃的土地、繁华的市井、美丽的园林，使苏州成为人们向往的地方。"上有天堂，下有苏杭"，千百年来，苏州城以它永远迷人的风姿使得无数的文人骚客流连忘返。

约在公元前 11 世纪的商朝末期，有以泰伯、仲雍为首的周族人，千里迢迢，从遥远的中原来到江南，与百越民族居住一起，经过长期融合，形成了一个新的部族。这个部族的活动中心，就在今天的无锡梅里乡。周族的首领泰伯是部族的君长，自号勾吴。泰伯死后，仲雍继位，后传至诸樊，于周灵王十二年（前 560 年）举族南迁，不久便在今苏州城西南建立吴子城，又传四世至吴王阖闾。据《吴越春秋》等书记载，周敬王六年（前 514 年），吴王委派伍子胥建阖闾大城，此即苏州城的前身。伍子胥原是楚国的贵族，楚平王听信谗言，杀死了

他的父亲与兄弟，使他在楚国无处藏身。伍子胥便怀着复仇的念头来投奔吴国，吴王阖闾很赏识伍子胥的才能，让他做了吴国的大夫。

史载阖闾大城城周20公里，开有八个陆门，相传是以象天之八风；开八个水门，以象地之八卦。又在城内外，开挖了很深的护城河。大城内有宽广的街衢和密集的河道，城内有30～40米宽的大道，在诸侯国中可谓首屈一指。吴都内宽阔的水路将其与长江、太湖等水系连成一体，构成了四通八达的水路交通网。都城内建有吴王阖闾的宫殿、台榭和苑囿。城外还建有众多的离宫别馆，如姑苏台、馆娃宫、长洲苑、吴宫和梧桐园等。在吴都的周围还有王室的畜牧业生产基地，如鸭城、马城和鹿城，还有一些供吴王游乐的小型城堡，如储城、巫丽城等。从此吴王以此为都，任孙武、伍子胥为将相，一方面整饬军队，改良武器；另一方面兴修水利，大力发展经济，使吴国很快强盛起来，终于西破强楚，北威齐、晋，东降东夷，南服越人，称霸于东南。此时的吴国，达到了其鼎盛时期。

吴国的辉煌早已湮灭于时光的海洋，对于苏州早期城市的面貌只能通过考古学家的工作，获得零星的了解。不过，一块留存至今的石碑向我们展示了一座七百多年前的苏州城，这就是现存于苏州博物馆的宋平江府城市平面图，又称《宋平江图》。它是中国现存历史最久、保存最完整的城市平面图，也是世界上较早的城市平面图。在平江图上，可以获得关于宋代苏州城——平江府城市布局、城市面貌、主要建筑物的分布及城墙、城门、河流、山脉与桥梁的丰富信息。通过这座石碑，消失的古城竟得以复活。

南宋建炎四年（1130年），金兵南下，繁华的苏州惨遭蹂躏。金人

夷平坊市，城市变得残破。绍兴以后，南宋政府陆续对苏州进行修复。《宋平江图》所反映的是经李寿朋整修后的情况。研究者认为，宋代平江府的布局，如城北居住区小巷横列，除有河道外，与元、明北京的胡同极为相似，跨街建坊也与明清城市相同，它是研究里坊制废除以后宋代城市发展的重要史料。

13世纪来中国的意大利旅行家马可·波罗曾游历过苏州，他在《东方见闻录》一书中记述了苏州城人口众多、商业兴旺、河道纵横、桥梁错落的城市景观。他说苏州是"一颇名贵之大城，居民持商工为活。产丝甚饶，以织金锦及其他织物，其城甚大，周围有六十里，人烟稠密"。又说"此城有桥六千，皆用石建，桥甚高，其下可行船，甚至两船可以并行"，字里行间流露出对苏州的无限留恋。马可·波罗的介绍使苏州城名扬海外，有人将这座玲珑的江南水城与马可·波罗的故乡威尼斯相比，苏州便有了"东方威尼斯"的美誉。

16世纪中叶，苏州的商品经济有了很大的发展，出现了专门种植蚕桑、棉花、蓝靛等经济作物的地区，农村出现了许多新的工商业市镇。苏州市内商人按行业或地区组织了162个公所或会馆保护自己的利益，苏州成为全国首屈一指的丝织手工业中心。明末清初，苏州曾经历了一次大的动乱，后康熙初重修苏州城，这就是我们现在所见的苏州城。

苏州的美被园林占去了一半。苏州的园林以私家园林为主，其形成于春秋时期，在宋代成熟，并于清代达到鼎盛。园林是苏州文化的一个代表，在园林之中便可感受到山水之怡，于闹市却看得到泉水叮咚的美妙景致。咫尺之内再造乾坤，这等奇妙别处罕见。全国的"四

大名园"，苏州的拙政园和留园就占据了其中两个位置。拙政园、留园、网师园、环秀山庄、沧浪亭、耦园、艺圃、狮子亭和退思园皆作为苏州园林的代表而被列为世界文化遗产，故而有"江南园林甲天下，苏州园林甲江南"的美誉。叶圣陶先生很是喜爱苏州的园林，在他所写的《苏州园林》之中便描述了亲身感受到的园林之美之妙之独特，字里行间满是对这种美好的赞美。必然只有一处独具匠心的景观才能得到一份特别宠爱。

苏州大大小小的园林难以计数，且各有各的独特，想一下全去了解难度实在太大了，只好看看典型，并安慰自己这是"窥一斑而见全豹，观滴水可知沧海"了。拙政园是苏州园林中面积最大的古典山水园林。它最初是唐诗人陆龟蒙的住宅，元朝时为大宏寺，明朝时仕途失意的王献臣隐居苏州而将其购买下来，并请吴门画派的大画家文徵明参与设计蓝图。建成后取名为拙政园，取"拙者之为政也"之意。清朝时，拙政园为太平天国忠王府花园。因其布局的山岛、竹坞、松岗、曲水之趣，而被视为园林的典范，有"中国园林之母"的美誉。

拙政园内的水占了全园的三分之一，用大面积水面造成园林空间的开朗气氛。早期园内的建筑很少，一眼看去只见林木葱郁，水色迷茫，竹篱、茅亭、草堂安静得仿佛是巨大的植物，而非砖瓦所建。园内以花木为胜，三分之二景观取自植物题材，桃花、竹子、荷花、梅花等植物五彩缤纷，在园内走走看看难免会眼花缭乱。拙政园在不同的时代，其园内的景观也不全都一样，尤其是早期与如今的模样一比较，差别甚大，也正是不同的风格之间相互融合才有了如此特别的地方。

苏州还有三座历史文化名镇，分别是周庄、同里和角直。老去的时光在那些陈旧的房屋之内打着盹，古镇的节奏是缓慢而轻柔的，即使是做买卖的小贩也是安静的，好像是怕惊动什么似的。

周庄的景致有最古朴的味道，石砖铺成的路被时光的重量踩得下陷而不整齐，周庄少见那些被粉刷一新的房子，大多建筑的外表都有些泛黄。周庄的桥下是青色的水，舟楫在桥下穿梭，划船姑娘的歌声在水中荡漾出浅浅的波痕。

同里桥多水美，是典型的江南水乡，户户临水，家家通舟，因这一景象这里而被冠以"东方威尼斯"的称号。同里的明清古居鳞次栉比，远远望去，古老的建筑就好像是一件可以让人回味无穷的古老艺术品，历尽风雨沧桑，兀然独立。绝美的退思园也在镇子里。角直古镇河水清清、环境幽雅，同是水乡古镇的角直桥和水的妙处与周庄、同里颇有相似，却也不尽相同。长久的历史磨灭了角直一部分的光辉，但是依然能寻见其原先的风貌。叶圣陶先生是在角直这个摇篮里成长起来的，亲切地将这里称作"第二故乡"。

苏州是中国首个世界非物质文化遗产昆曲的故乡。昆曲的历史有600多年，诸如川剧、越剧等剧种都是接受了昆曲的滋养才渐渐成长起来的，于是昆曲不愧于自己"百戏之祖，百戏之师"的称号。昆曲最先在昆山形成了雏形，杰出的戏曲音乐家魏良辅对昆山腔的声律和唱法进行了改革创新，吸取了海盐腔、弋阳腔等南曲的长处，发挥昆山腔自身流丽悠远的特点，又吸收了北曲结构严谨的特点，运用北曲的演唱方法，从而使昆曲达到了新的高度。

昆曲在革新之后，迅速得到传播，人们对它的喜爱甚至到了如痴

如狂的地步，每年的虎丘曲会都会万人空巷。在昆曲鼎盛的时期，它的流布范围遍及全国各地，独霸剧坛二百年。

运河明珠：扬州

扬州是苏北门户，园林城市。历史上"富甲天下"的扬州城，地处江苏中部，东与泰州、盐城交界；西与南京市六合县和安徽天长市接壤；南临长江，与镇江隔江相望；北与淮安市毗邻；中有纵贯南北的京杭大运河与万里长江在这里交汇，历来是水陆交通枢纽，南北漕运的咽喉。其总面积6634平方千米，市总人口456.3万。扬州除通用汉语普通话外，方言主要为北方方言区的江淮官话。

扬州的名称最早见于《尚书·禹贡》："淮海惟扬州。"今天的扬州春秋时称"邗"，秦、汉时称"广陵""江都"，东晋、南朝置"南兖州"，北周时称"吴州"。汉扬州包括江苏的江南、安徽的淮河以南及浙江、福建、江西三省。三国时魏、吴各有扬州，吴扬州治建业，魏扬州治寿春。隋开皇九年改吴州为扬州，但总管府仍设在丹阳（今南京）。唐高祖武德八年（625年），将扬州治所从丹阳移到江北，从此广陵才享有扬州的专名。

说起扬州的早期城建史就不能不谈到蜀冈。蜀冈是一条东西延伸的黄土岗，扬州历代城址分布与变迁正是以这条土岗为中心。今天的扬州城区存在两种不同的地形，一种是以蜀冈为中心的丘陵地带；另一种是蜀冈以下的长江冲积平原。隋唐以前的扬州城多建于蜀冈之上，而隋唐以后的城址，包括现在的扬州城，都建在蜀冈以南的平原地带。这种选址的变迁反映了自然环境的变迁。

隋炀帝是历史上以残暴著称的皇帝，他却对扬州情有独钟，曾三次沿大运河南下巡幸江都且命殒其地。诗云："维扬城里昔繁华，炀帝行宫接紫霞。"那么，隋炀帝所居的豪华行宫如今在哪里呢？在今扬州城区的北郊，隋代江都城垣、角楼和城门故址等多处遗迹陆续被发现，隋炀帝、萧后、随从的后妃宫女千余人以及部分内侍官员、禁卫兵所居之处——江都宫就坐落在这里。江都宫的外围筑有高高的宫墙，宫城四面设门，其外修有城壕。史载宫城内曾建有"成象殿""流珠堂""迷楼"等建筑，考古发现的巨大的夯土台基可以为证。在宫城的东侧勘探出江都城东城遗址，这里是驻扎随行禁卫部队主力的地方，隋末的江都宫政变就发生在这里。

唐代是扬州城市史上的一个非常重要的发展时期。一般认为扬州是在中晚唐时期形成规模的。带来这座城市发展的契机有两个：其一是大运河的开通及其在漕运中的重要地位；其二是8世纪安史之乱爆发后，许多北方人远离战火，纷纷南迁到江淮一带。经济的繁荣，人口的增加，不得不营建规模宏大的城市，于是一座仅次于长安与洛阳的南方都会在运河之滨矗立起来。它跨越蜀冈上下，商贾如织，富甲

天下，是首屈一指的一方都会。

唐末五代，扬州再次成为兵家必争之地，偌大的城市在战火中夷为废墟。958 年，周世宗占据扬州后，在唐代罗城的东南隅筑了一个小城，俗称周小城。北宋时的扬州也就沿用了这个周长仅十余公里的小城。南宋时期，与宋对峙的北方金人铁蹄多次南下，扬州成为南宋抗击金兵的前沿阵地，扬州城重要的军事地位使这一时期的城市建设凸显出浓厚的军事防御色彩。南宋绍兴年间（1131—1162 年）在此修筑了堡城，与其南面的宋大城及两城之间的夹城连为一体，这就是所谓的宋三城。元代只沿用宋大城，蜀冈上的堡城与夹城逐渐荒废。元末明初的农民战争中，扬州历经浩劫，城市人口锐减。明代的扬州城截取了宋大城西南隅重筑新城，并将城区东扩形成新城区。

现在，一座扬州宋大城西门遗址博物馆已经建成。宋大城西门是在五代后周小城西门遗址的基础上修筑而成的，经历了五代、北宋、南宋、元、明、清六个朝代。虽历经近千年，其中各个时代城墙基础与砖铺路面的叠压关系仍极为清晰。西门遗址博物馆的陈列展示了西门遗址整个瓮城南部的五代马面、北宋瓮城、南宋瓮城以及瓮城内洞砖铺路面的叠压情况、砖砌券顶式门洞的结构与形制，从中可以清楚地看到五代周小城、北宋州城和南宋大城的继承关系。西门遗址博物馆与堡城所在的蜀冈历史文化区、夹城所在的瘦西湖风景区一起，成为古城扬州名闻遐迩的人文胜迹。

东南第一州：杭州

　　杭州是一座山清水秀的风景城市，十分美丽。它的东面是气势雄浑的钱塘江，西面是闻名于世的西子湖，还有一座天目山。

　　杭州的历史起于秦代，当时叫钱唐。西汉时一度成为会稽郡的治所，汉以后改称为钱塘（有人认为钱唐改称为钱塘是在唐朝，因为与国名相重而加土为塘的）。魏晋南北朝时，中原人民为避战乱纷纷南迁，杭州得到了初步的繁荣发展。东晋时钱塘县属吴郡。南朝陈时设钱塘郡，钱塘县为钱塘郡的治所。隋文帝时废钱塘郡另置杭州，治所在今杭州西的余杭。这是杭州这个名称最早见于史书的记载。隋时钱塘县最初是杭州的一个属县，后来成了杭州的治所而加以扩建，并依凤凰山建造了州城，这是杭州历史上的第一次筑城。隋炀帝开凿大运河后，杭州就迅速地成了东南重要的交通枢纽城市和新的商业中心，成了一个"商贾并凑"的大郡治。但杭州的真正繁荣是在唐以后。唐代的一些地方官员如袁仁敬、李泌、白居易等人，都对杭州城进行了大规模的改造和兴建，极大地促进了杭州的经济和人口增长。

唐朝末年，镇海节度使钱镠在杭州拥兵割据，后来被封为吴越王。五代十国时，钱镠的吴越国就定都于杭州，历时72年。这是杭州建都的开始，并因而由一个经济中心城市变成政治中心城市。钱镠定都杭州后，对杭州有进一步的扩展和兴建。那时的杭州成为东南地区人文荟萃的胜地，有"东南形胜第一州"的美称。

宋室南渡后，杭州第二次建都，历时150年。宋高宗赵构先是在杭州设置行宫，并改杭州为临安府。初时他似乎还有北伐收复失地的意向，但很快就在一片歌舞升平中，忘了北方的失地和人民，并于十年后正式把临安作为国都。于是杭州就成了南宋时期政治、经济和文化的中心城市，并进入了六大古都的行列。

在六大古都中，杭州的建都历史是最短的，但留在杭州的名胜古迹却并不少，如灵隐寺、飞来峰、雷峰夕照、西泠印社，如白堤、苏堤、岳坟和岳庙等。此外还有许多迁客骚人所写的有关杭州的诗文。至于西湖十景，那更是杭州最著名的景点了。全国的许多城市中都有西湖，但最好的是杭州。民谚有"天下西湖三十六，就中最好是杭州"的说法，因此我们现在所说的西湖，一般就是专指杭州的西湖。

苏轼曾说："欲把西湖比西子，淡妆浓抹总相宜。"而西湖景点里苏堤春晓、龙井问茶、平湖秋月、三潭印月等又是其中最为人称道的。

西湖还有三奇。孤山不孤：皇帝在西湖游玩时住在这座山，便为它取名为孤山，可是孤山并不孤独，它四周有山水的陪伴，却又被称为"孤山"；断桥不断：冬天下雪时，断桥上残留着积雪，远远望去就仿佛断了一般，人们便称那是"断桥"；长桥不长：传说梁山伯与祝英台，两人在桥上送别，依依不舍，来回送了十八次，一条本来50多米的桥两人走了一天，所以称之为"长桥"。

钱塘江大潮被誉为天下奇观，世界上只有巴西亚马逊河的涌潮能与之媲美。大潮是由于月球和太阳的引潮力作用，使海洋水面发生的周期性涨落的潮汐现象。潮汐的作用再加上这里独特的河口形状，钱塘江大潮的气势才能这般气势磅礴。而不单仅有气势，花样还多，有交叉潮、一线潮、回头潮、半夜潮。各式花样都有其独特之处。

 ## 人文渊薮：绍兴

绍兴的建城史，至少可以上溯至公元前490年的勾践小城，距今已近2500年历史。相传夏王朝第六代帝王少康封庶子无余到会稽奉守禹祠，成为古越先君。越族人最初还保持着断发文身的风俗，也就是披头散发，在身上画着各式各样的花纹，保留着原始氏族制度的习惯。到了春秋中期，越国已经成为一个比较强大的诸侯国。

越王勾践卧薪尝胆的故事已是家喻户晓。建于今绍兴城的越王都城，东望宁绍平原，北滨杭州湾，南接会稽山，具负山面海之势；城的东西两侧，又各有曹娥江和蒲阳江作为天然屏障。更让人称奇的是，

当时一片洪荒、潮汐遍地的宁绍平原，在今绍兴城区方圆约 9 平方公里的冲积层上，竟有九处卓然崛立的孤丘，其中较高的种山、戢山和怪山，构成三足鼎立的形势。一片平原之上有这么一个地势、环境俱优的处所，正是建城立都的宝地。勾践首先于这九处孤丘之最高者——种山的南麓，兴建了具有军事堡垒功能、方圆 1 平方公里的都城，复于小城周围建了面积大得多的大城，将其他八座孤丘尽数囊括其中。小城与大城结为一体，交互发展，遂称大越，这就是越国的国都，在后来成为勾践覆灭吴国，北上称霸的基地。此时的越国开始进入它的鼎盛时期。其后，历代越王在北方争霸百余年。公元前 334 年，越王无疆为强楚所败，再度返回故都。

东晋以后，绍兴进入其城市发展史上的又一个重要时期。北方地区战乱使大批北方名门望族迁入绍兴。晋永和九年（353 年）上巳日（农历三月初三），王羲之与谢安、孙绰、支遁等 41 人聚会于会稽山阴之兰亭，行修禊之礼。他们列坐在溪水边，让盛酒的羽觞（也称耳杯，一种酒具）从小溪的上游循流而下。羽觞流淌至某人面前，某人就得即席赋诗，不然罚酒三杯。天朗气清，惠风和畅，水曲酒香，群儒生风，名士们各展才华，竞抒怀抱。王羲之将这些诗汇为一集，即《兰亭集》，并作序记叙了此次雅集的盛况和作者的观感，"永和九年，岁在癸丑，暮春之初，会于会稽山阴之兰亭，修禊事也。群贤毕至，少长咸集。此地有崇山峻岭，茂林修竹，又有清流急湍，映带左右，引以为流觞曲水，列坐其次。虽无丝竹管弦之盛，一觞一咏，亦足以畅叙盛情。是日也，天朗气清，惠风和畅，仰望宇宙之大，俯察品类之盛，所以游目骋怀，足以极视听之娱，信可乐也……"这就是蜚声文坛的美文——《兰亭集序》，其文借景抒情，评史述志，隽妙秀逸；其字笔法遒劲，字字玲珑，富于变化，被后人誉为天下第一行书。这次集会成为中国文化史上的一件空前的盛事。作为名胜古迹的兰亭，作为书法杰作的《兰亭集序》，作为雅趣盎然的典故"曲水流觞"，一千七百多年来一直闻名于世。

经过隋唐和北宋的发展，到南宋时期绍兴已是一方都会。南宋初年绍兴还一度成为南宋王朝的临时都城。南宋王室陵寝也坐落于此。此时的绍兴俨然一派大都会的气势了。

绍兴向来以其悠久的历史、丰富的人文景观、秀丽的风光、丰富的物产而著称于世，自古就有"文物之邦、鱼米之乡"的说法。不光是游览胜地，绍兴更是著名的水乡、桥乡、酒乡、书法之乡。绍兴还有一样特殊的"物产"，就是出名人。陆游、蔡元培、秋瑾、鲁迅、竺可桢、马寅初、范文澜等名人的故乡都在这儿，难怪毛泽东要称绍兴为"鉴湖越台名士乡"了。

绍兴有着特别隆重的年俗。每年一跨入农历十二月，人们就开始忙碌：买酒、买春糕、裹粽、掸尘、杀鸡宰鹅、买鱼买肉，准备新年穿戴的衣着鞋帽，还要准备给亲友的礼物，并且还事事考虑周全，就怕到时候有什么地方不周到。腊月二十三过小年，家家户户都要送灶神上天，给灶王爷供奉的贡品里有一种有黏性的糖，据说可以借此粘住灶神的牙齿，使他没法向玉皇大帝"打小报告"，说人间的过失。送灶之后，除夕之前，是每家一年之中最为隆重最为盛大的祭典，这就是"祝福"了。每户人家都要挑一个吉日来拜祭。"祝福"里所祭的神像有"南朝圣宗"四字，绍兴人管它叫祝福菩萨、大菩萨，相传这

是一位宋代的皇帝。南宋灭亡后，遗臣们慑于元朝统治者的淫威，不敢公开设祭大宋君王，只好在夜深人静时悄悄地进行。这种带有民族意识的祭祀自然带有能够广泛流传的性质，而在后来流传的过程中，还增添了答谢神明保佑和祈求来年幸福的意义，更富有年味儿了。

按照老年人的说法，天上的菩萨不进不洁之家。因此，在祝福之前，必须把厅堂、祭桌、祭器等打扫干净，洗洗刷刷之类的都要一尘不染。一旦"五牲福礼"煮熟，就把它盛放在木制的朱漆大盘里。摆法还有一定的规矩呢，鸡鹅要跪着，头朝福神，表示欢迎的意思；而一尾活鲤鱼要用红绳穿过其背刺吊在"龙门架"上，还要用红纸贴住它的眼睛，是取"鲤鱼跳龙门"之意。若祭典在深夜里举行，气氛就更肃穆更庄严。男丁要按辈分行三跪九叩大礼，妇女和个别忌生肖的男丁都要回避。虽然这个做法相当重男轻女又带有点儿封建迷信的色彩，但在那个时代里，反过来讲，也印证了这祭典的庄重，以及人们对待它的慎重程度吧。

千年瓷都：景德镇

　　从某种意义上说，景德镇是一个因瓷而兴的古代手工业城市。北宋景德元年（1004 年），宋真宗赵恒诏谕，改昌南为"景德"，并设监镇官，立景德窑，烧制宫廷用瓷，景德镇这个名称便一直沿用至今。在这个古老的城市里，每一处历史建筑，每一条古街，甚至每一寸土地，无不带上了陶瓷的影子。

　　古窑址显然是瓷都景德镇最为丰富、最有特色、最珍贵的历史文化遗存。优质的瓷土资源，加上瓷工的精心烧制，景德镇历代瓷器在质地、工艺、花色上都能冠绝群雄，独步天下。当你踏上景德镇的土地，不经意间可能已站在古代窑场的废墟上了。那堆积如山的瓷片，是当年窑场的生产废弃物，却是我们今天研究古代手工业历史的宝贵实物资料。在这些残片上面，留下了无名的窑工对美的理解，也记录了他们曾经的生活以及这个城市变迁的历史。

　　珠山是景德镇市区中心的一座孑然而立的山峰。据《浮梁县志》载："珠山'高十仞，绵亘数里，峰峦遥列，俯视四境'。"今天我们

所见的珠山已见不到"峰峦遥列"的景象了，几百年的烧窑活动，已夷平了其他山峰，城内只剩中峰一枝独秀。自明代以来，一个特殊的机构——御窑厂就设立在这里，屹立于珠山之巅的建筑龙珠阁即为景德镇督陶官下榻与办公的场所，由于龙珠阁地势高，又处于全城之中心，既能远眺环城群峰，又可俯视厂区督察陶工劳役。景德镇惯以龙珠阁的缩影作为瓷器底款，故龙珠阁成为御窑厂的象征，又是瓷都景德镇的重要标志。

得益于丰富的物产，特别是独占鳌头的瓷业，"江南雄镇"——景德镇尽享物华天宝，经济、社会和城市持续发展，流传到今天的，还有一大批明清时代的建筑。

首先是古色古香的街市、店肆建筑。里市渡对岸的三间庙明代古街是景德镇通向鄱、浔、都、徽州的必由之路。现存明代街面，长85米，宽4.5米。路面青砖侧砌，"印"有数厘米深的独轮车辙，在提示着当年商旅频往的景象。街道两旁是保持原貌的清代商业建筑，古朴而幽雅。蛟潭兴溪桥的黄杨柳宅、苏银好宅等明代村镇商店，一律是三开店面，开阖自如；临街柜面向外突出，上遮披檐。

其次是各式各显气派的私家宅邸，位于城区中心的祥集弄，是一条保存较完整的明代巷道。内有明代住宅多处。其中3号、11号两处建于明代成化年间的富商住宅，是典型的明式住宅建筑。这些住宅布局上有上堂与下堂，四正厢加后房，前后各有大、小天井。门于侧面，正堂明间作单层处理，堂屋高大轩昂，柱础、地脚等重点部位的石质构件雕刻精美，纹饰丰富。梁柱用料硕大，均以樟木等优质木材制作。整个住宅装饰华美，气派壮观。

最后是紫微湖边一组风格鲜明的明清古建。湖前的清代祠堂，平面开阔，构架粗犷，纹饰华丽。祠堂后一处清代住宅，大宅庞大，小宅玲珑，对比十分突出，兼有廊屋、花园。湖后的两栋明代住宅则简朴古雅，与清代建筑迥然相异。这组古建筑群在峡谷中随着山势参差起伏，掩映于茂林修竹之间，别有诗情画意。

孔子故里：曲阜

曲阜是中国古代著名的教育家、儒家思想的创始人孔子的故乡。作为中国传统文化与教育的发祥地，在漫长的王朝时代，这里一直是帝王和士大夫朝圣的地方，是当之无愧的文化圣地。两千多年过去了，孔子的身影早已消失于时光的长河。然而，由他缔造的儒家思想却影响深远。当我们走进曲阜，踏上两千多年前孔子走过的土地时，一种肃穆之情就会油然而生。

曲阜位于山东中部偏南泰沂山脉的西南麓，它坐落在泗河与沂河之间。城东南是丘陵地带，西北和西南则是一片开阔的平原。古称曲阜为"少昊之墟"，传说在远古的三皇五帝时代，东夷部"大庭氏"曾

以此为都，黄帝、炎帝和少昊都先后迁都曲阜。曲阜的第一个繁荣期从公元前一千多年的西周时代开始，周武王灭商后，封周公旦于曲阜，建立了鲁国。周公旦为辅佐周室，暂时留在镐京。后来奄国随同商朝的残余势力和东夷族发动武装叛乱，被周朝镇压下去。周成王即位后，周公派其子伯禽就封于鲁，成为鲁国的始祖。伯禽去鲁国时，带去了大量周朝的典章文物。周公死后，周王允许在曲阜立庙，并以天子的礼乐进行悼祭。因为这种特殊的渊源关系，鲁国成为保存周代礼乐制度最多的地方，在礼崩乐坏的战国时代，鲁国仍号称礼仪之邦。曲阜作为鲁国的都城，从伯禽开始到战国末年（前256年）为楚所灭，共历34代君王，延续八百余年，是周王朝各诸侯中沿用时间最长的都城之一。曲阜鲁城的总面积约十平方公里，相当于今天曲阜城的7倍，其街道开阔整齐，宫殿区、居民区整齐划一，制铜、冶铁、制骨、制陶等各种手工业作坊都具有相当的规模和工艺水平。作为孔子故里，曲阜以其规模盛大的礼教建筑闻名于世，从孔子在曲阜开办学校，到鲁哀公将其生前故居立为庙堂，历代王朝纷纷在此树碑立传，岁时奉祀，为后人留下了珍贵的历史记录。大量的稀世碑碣和孔氏家族的档案，使曲阜成为一座活的历史博物馆。

汉高祖十二年（前195年），刘邦路过曲阜，以太牢（猪、牛、羊三牲各一）祭祀孔子，开创了历代帝王祭祀孔子的风气。从此之后，各代封建统治者竞相效仿。东汉光武帝于建武五年（29年）过阙里，命大司空宋弘祭祀孔子。永平十五年（72年）明帝刘庄、元和二年（85年）章帝、延光三年（124年）安帝都曾到曲阜祭祀孔子和他的七十二弟子。以后的北魏孝文帝、唐高宗、唐玄宗、宋真宗都曾亲临曲阜拜祭孔庙和孔子墓，清康熙帝在孔庙祭祀时还行三跪九叩之礼，乾隆皇帝八次过曲阜，都在孔庙、孔林祭孔。

孔庙是孔子死后第二年，鲁哀公在孔子生前故宅阙里的基础上改建的。后经历代王朝的扩建与增修形成现代的规模。其中以清代修建的次数与规模最甚。雍正二年（1724年）孔庙因遭受雷电失火而重修，竟花了六年时间。现存孔庙是明清两代完成的，占地20公顷，气势十分雄伟。

孔林是孔子及其家族的专用墓地。东汉以后，随着孔子地位的提高，孔林的规模也越来越大。因历代帝王都至此谒陵，修建了驻跸亭等建筑。相传孔子死后，他的弟子们从各地带来了奇花异木来此种植，两千多年来不断增植，至今孔林内有树数十万株，形成我国最大的人工园林。

孔府即"衍圣公府"，是孔子嫡系长子长孙居住的宅第。西汉平帝元始元年（1年），追谥孔子为宣尼公，封孔子后裔均为褒成侯。魏晋南北朝至初唐，对孔子后裔的封赐不断。唐开元年间追谥孔子为文宣王，将其后裔封为文宣公。宋仁宗至和二年（1055年）改封世袭衍圣公。近千年来，衍圣公及其后裔都受到封建王朝的庇护，其地位在中国历史上独一无二，因此被称为"天下第一家"。孔府占地16公顷，前为官衙，后为内宅，是典型的官衙与内宅合而为一的建筑。

布衣孔子首开"有教无类"的教育思想，使读书这一原本属于贵族阶层的特权移向了平民阶层。"至今齐鲁遗风在，十万人家尽读书"，作为孔子故里的曲阜，也秉承了孔子遗风，成为蜚声中外的文化古城。

纸墨飘香：歙县

歙县为徽州六县之一，徽州文化的发祥地之一，古代为徽州府治所在地，也是徽商、徽菜的主要发源地。这里还是文房四宝之徽墨、歙砚的主要产地，被授予"中国徽墨之都""中国歙砚之乡""徽剧之乡"的荣誉称号。可以说，文房四宝在歙县文化发展中占有举足轻重的地位。

歙砚是砚中之上品，它的珍贵在于雕刻上具有徽派石雕的风格，浑厚朴实、美观大方、刀法刚健、花式多样，图案多取于黄山胜境、新安风光、小桥流水、神话传说、名人逸事等。歙县还有"墨都"的雅称，徽墨品种繁多，其中的高级漆烟墨，是用十余种名贵材料制成的。徽墨素有"拈来轻、磨来清、嗅来馨、坚如玉、研无声、一点如漆、万载存真"的美誉，是书画家的必备用品。除了书画用途之外，墨模上还由能工巧匠雕刻出名人的书画，是一种集绘画、书法、雕刻、造型于一身的综合性艺术珍品。在现代制图、装潢、印刷等方面徽墨也有广泛应用。

徽墨始创于唐末，易州著名墨工奚超因避战乱，携全家南逃到了歙州。因为看到了这里茂密的松林和清澈的新安江水，所以定居下来，重操制墨旧业。不久就制出"丰肌腻理，光泽如漆"的佳墨，被南唐后主李煜视为珍宝。当代以来，徽墨在继承传统工艺的基础上创新发展，不仅恢复了许多品种的生产，还开发了新品种。无论闹市还是乡村，出售徽墨、歙砚的店铺比比皆是，店堂里多悬挂名人字画，墨香扑面而来。

这里历史悠久，文风昌盛。秦朝就置县了，在古代长期为州治、府治的所在地，史称"徽州府"，是中国三大地域文化之一——徽文化的主要发祥地和集中展示地，也是著名的"徽墨之都"和"歙砚之乡"，孕育了经济学家王茂荫、新安画派奠基人渐江、黄宾虹、经学大师吴承仕、人民教育家陶行知、革命音乐家张曙等一大批历史名人，程朱理学、新安画派、新安医学、新安文学、徽派建筑、徽派盆景都闪耀着徽文化的灿烂光芒，在中国文化中独树一帜。

歙县诸多景点中，最有文化气息的当属太白楼。唐天宝年间，李白寻访歙县隐士许宣平，结果在练江之畔失之交臂，后人为纪念此事，便在李白饮酒的地方建起了这座太白楼。登上太白楼，可以饱览山光水色、古桥塔影。楼内为新安碑园，陈列有帖刻《余清斋》《清鉴堂》。太白楼为双层楼阁，挑梁飞檐，是典型的徽派建筑，楼内陈列有历代碑刻，古墨迹拓牌，古今名人楹联佳句。其丰富程度，每个文化人看到这些墨宝大概都会忍不住想有狼毫在手，挥洒几笔吧？

丽江、平遥这样的地方在人们的心中一直都是被憧憬的，而歙县与同为第二批国家历史文化名城的四川阆中、云南丽江、山西平遥并

称为"保存最为完好的四大古城"。

　　说歙县相较于其他古城更有特色，大概是因为不单是自己声名远扬，周边的村镇也颇有名气吧，渔梁村位于歙县徽城镇，是中国历史文化名村，在唐代已具雏形，整体建筑格局保存完整，渔梁坝和水运码头是村落最有特色的要素。古村落内现存传统古建筑占古村落建筑总数的一大半。另一个历史文化名村棠樾村位于歙县郑村镇，是以牌坊群闻名于世的。棠樾牌坊群由七座牌坊组成，明代三座，清代四座，几乎全部采用石料筑成，是体现明清两代牌坊建筑艺术的精品之作，已被列为全国重点文物保护单位。在牌坊群旁，还有男女二祠，建筑规模宏大，砖木石雕尤为精致，近年已修复如旧。

　　歙县素有"牌坊之乡"的美称，明清时期建造的石坊遍及全县各地，共有 250 多座。如今这些古牌坊成了立体的史书，每个石坊都有一个自己的故事，向游客们讲述曾经在这里生活的人民的喜怒哀乐，看着这些牌坊就能了解古镇的文化和历史，无形中给这座古色古香的城镇平添了几分传说色彩，在这牌坊下看着故事，也不失为一件乐事。

　　很有趣的一点是，歙县的各地有着不相同的风俗节日，西乡有岩寺的"上九"、竭田的"四月八"、潜口的"六月二"等，民间都要筹集款项，搭台演戏，热闹非凡。如今的歙县依然保留着这些传统的风俗节日，不过内容更加充实，真正变成了规模很大的物资交流会。在这些节日里，乡民会做面点来馈赠亲友，并祈求风调雨顺，五谷丰登。在"土地节"人们还要去社公祠、土地庙祭拜，祈求年景大熟。

　　"黄山毛峰""顶谷大方""黄山银钩""黄山绿牡丹""锦上添花""海贝吐珠"等极品名茶列为国家珍贵礼品，在国内外久负盛名。

这些大家看来都不陌生的珍品，如果告诉你他们都是产自歙县，你会小小地惊讶一番吗？与其他名茶相比，特种工艺茶"黄山绿牡丹"产于歙县大谷运乡海拔 1400 余米的南云尖。南云尖重峦叠嶂，沟壑纵横，云雾缭绕，雨量充沛，极利于茶树的生长。这里茶叶不仅芽壮叶肥，叶质柔嫩，而且由于芳草遍地，兰花繁茂，茶叶别具香味。绿牡丹茶呈花朵状，一芽一叶初展，花瓣花蒂排列匀齐，圆而扁平，白毫显露，峰苗完整。冲泡后，那一股股茶香扑鼻而来，杯中茶尖茶芽徐徐舒展，细看就像盛开的牡丹花。细品一口，清香绵绵，回味甜润悠长，不愧为名品。

除此外，歙县民间艺术的瑰宝"砖""石""木""竹"四雕亦很有特色，还有徽派盆景、版画、漆刻，也都独具特色。一一说来的话颇显冗长，且斟一壶清茶，待茶香弥漫之时，共品这徽风古韵。

 ## 传奇八公山：寿县

寿县位于皖中腹地，淮河中游南岸，面积约 2986 平方千米，人口约 124 万人，东与合肥市相连，北与淮南市毗邻，与阜阳市隔河相望。

作为战国古都，西汉古城，国家级历史文化名城，寿县距今已有2000多年的历史，早在战国末期，楚考烈王就迁都于此。寿县古称寿春、寿阳、寿州。西汉时，淮南王刘安（西汉思想家、文学家，传说是豆腐的发明者）还曾在此立都，刘安墓便位于八公山下。

寿县是楚文化的故乡，是中国豆腐的发祥地，是"淝水之战"的古战场，并以楚文化为底蕴形成了自己独特的乡土文化，尤以正阳肘阁、寿州锣鼓等广受欢迎。寿县胜迹宏博，现在的古建筑有始建于唐贞观年间的报恩寺、宋嘉定时期的古城墙、元代的黉学、明朝时期华东最大的清真寺、典雅肃穆的孙公祠等；名人古墓星罗棋布，主要有蔡侯墓、楚王墓、淮南王墓、廉颇墓、宓子墓等；古遗址有古郢都遗址、安丰城遗址、淝水之战古战场等；其他还有春申坊、时公祠、斗鸡台、吕蒙正寒窑、陈玉成囚室、状元府、淮王丹井，以及早在清代就载于方志的寿州内八景和外八景等。

说起淝水之战，其在中原战争中所占的地位可谓是举足轻重。淝水源出肥西、寿县之间的将军岭，同源而异归：向西北流者，经200里，出寿县而入淮河；向东南流者，注入巢湖。早在三国时，魏将张辽便曾败孙权于淝水。而东晋时，谢玄亦败苻坚于淝水。这里可以算是有名的古战场了。

西晋末年的腐败政治，引发了社会大动乱，中国历史进入了分裂割据的南北朝时期。在南方，晋琅琊王司马睿于公元317年在建康（今江苏南京）称帝，建立东晋，占据了汉水、淮河以南大部分地区。在北方，各少数民族政权纷争迭起。由氐族人建立的前秦国先后灭掉前燕、代、前凉等割据国，统一了黄河流域。以后又于公元373年攻占了东晋的梁（今陕西汉中）、益（今四川成都）二州，将势力扩展到长江和汉水上游。前秦皇帝苻坚因此踌躇满志，想要以"疾风扫秋叶"之势，一举荡平偏安江南的东晋，统一南北。可是最终他却遭到了惨败，东晋仅以八万军力就大败了八十余万的前秦军。投鞭断流、草木皆兵、风声鹤唳等成语典故都出自淝水之战。

目前全县存有古迹 160 多处，其中唐、宋、明、清建筑 10 多处，古墓葬多达 80 多座，古遗址 29 处。寿县文物众多，有全国重点文物保护单位 3 处，省级文物保护单位 7 处，县博物馆珍藏国家一级文物 160 多件，二、三级文物 2000 多件，有"地下博物馆"之称。

寿县人文荟萃。春秋时楚国令尹孙叔敖修建的安丰塘，与都江堰、郑国渠、漳河渠并称我国古代四大水利工程。寿县是世界管状射击武器、垂体激素药物、豆腐的发源地，"天下第一塘"安丰塘所在地，因而又被世人称为"四个世界之最"。

特别是豆腐文化的始祖——淮南王刘安及其门人编著的宏篇巨著《淮南子》，集自然科学、哲学、史学、文学价值于一体，博大精深，在亚洲和世界上都广有影响，现今许多国家和地区都有专门研究《淮南子》的学术团体。"时苗留犊"的典故早在唐代就被作为儿童启蒙教育的典范。宋代政治家吕夷简、吕公著和诗人吕本中，清代一代帝师孙家鼐、民国英杰柏文蔚，以及抗日名将方振武等一大批来自寿县的仁人志士，已名垂青册，万古流芳。

寿县古城墙保存完好，颇值一观。它古朴雄伟，气势磅礴，如苍龙环绕，似猛虎盘岩，作为古老历史的见证，寿县人对古城墙非常珍爱。据清光绪《寿州志》记载，今寿县城墙重建于北宋熙宁年间，明

清时曾多次修葺，迄今依然完好。

寿县古城墙，为全国七大古城墙中唯一保存较完好的一座宋代城墙。砖壁石基、周长 7147 米，有东、西、南、北四门。由于寿县地处襟江扼淮的重要位置，千百年来一直是兵家争夺的军事重镇。因此，历代对其城垣修筑颇为讲究，屡毁屡建，日益坚固。如清末状元孙家鼐所记："城堞坚厚，楼橹峥嵘，恃水为险。"

城有四门，并各有瓮城，其中西瓮门北向出，北瓮门西向出，东城门与瓮门在平面上平行错置同为东向出。这种门向的特殊设置，不仅有利于军事防御，而且还具有重要的防水功能。明代为了加固墙基，于城墙外侧以条石叠砌一周扩城泊岸，保护城墙不被水冲蚀。古人赞其"若匹练之横亘也，砦生铁之焰铸也"。城内北部东西两侧各有一泄水涵闸，平时城内积水可由此排出城外，当洪水季节，又可自行关闭涵闸，防止外水倒灌城，额镌有"金汤巩固""崇墉障流"题名，是对这坚固雄伟的寿州城墙的真实写照。

这座城墙建得如此花费心思，难怪到了现代它依然能够发挥作用。在 1991 年，古城抵御了百年未遇的特大洪水的围困，保护了城内十多万人的生命财产，可见当年建城之功力！

在古城南门东墙上嵌着一块石刻，上刻一个做行刺状的武士，这就是"寿州内八景"之一的"门里人"。细读碑文，品味历史，抬头望着那高耸的城楼，绵延的城垣，这古城仿佛就是一部沉甸甸的历史巨著，它的博大精深，令人痴醉流连，反复阅读。

中华药都：亳州

亳州是 个历史悠久的地方，当年商朝一度建都于此。春秋时，亳州属陈国，于此营建焦邑，与它毗连的是夷邑，焦邑与夷邑是当时重要的战略要地，"南北分疆，此亦争衡之所也"。战国时，楚伐陈，谯、夷二邑属楚，楚平王筑谯城，并派太子建驻守。魏文帝曹丕在位时封这里为陪都。

北魏太和年间置南兖州于涡阳，北魏正光年间又移治谯城。北周大象元年，因南兖州地处古"南亳"近畿，"遥取古南亳之名以名"，改称兖州为亳州。

两千多年前，在亳州这块地域上诞生了一位伟大的哲学家，他是道家的创始人——老子。老子一生的哲学智慧都体现在朴素的辩证唯物主义思想上，而这一伟大的哲学成就全都浓缩进了《道德经》，他对中国哲学的发展起到了至关重要的作用。老子一生都在主张"无为而治"，但是这一思想在战争频发的春秋时代根本无法得到施展，倒是在之后和平的年代里得到了贯彻，使得国泰民安。老子后被唐皇武后

尊奉为太上老君，在道教中被尊为道祖。现今亳州依然存在着一条问礼巷，相传当年孔子就是在这里向老子问礼的。

与老子合称为"老庄"的庄子也生于亳州。庄子是道家的代表人物，他的哲学思想主要是继承并发展了老子的学说，但是他的文采却在老子之上，鲁迅先生对庄子文章有过高度评价："汪洋辟阖，仪态万方，晚周诸子之作，莫能先也。"庄子的著作《庄子》不仅在中国哲学史上的地位显赫，在中国文学史上也是一朵奇葩。庄子主张"天人合一""天道无为"，可惜的是在战国时代，他的能力根本无法得到施展，故去之后，才得到封建帝王的重视，在唐开元二十五年（737 年）庄子被诏号为南华真人，《庄子》便称作《南华真经》。

老子、庄子都聚在了亳州，另一位著名的道学家陈抟也来了。陈抟的思想融汇了儒、道、佛三家的学说，对宋代的理学有很大影响。宋太宗赐号希夷先生，在《道德经》中"希"指视而不见，"夷"指听而不闻，由此不难看出陈抟的人生态度了。据说，这位高人能用蛰伏法而不吃不喝，一睡就能睡上好几个月，因此后人称其为"睡仙"。

东汉末年，著名的政治家、军事家和文学家曹操也是亳州人。指点江山、运筹帷幄的曹操在亳州建造了地下运兵道，以大隅首为中心，向四面延伸而通往城外，整个地道不仅纵横交错，结构复杂，而且构造奥妙，有单行道、平行双道、上下两层道、立体交叉道四种形式。运兵道内又有障碍墙、绊腿板等齐全的军事措施，几乎将古代所有战道战术都融汇于此。此工程浩大，道长达四千余米，是迄今发现历史最早、规模最大、保存最完好的地下军事战道，享有"地下长城"的美誉。曹操经常将为数不多的士兵悄悄地从城内运出城外，又从城外运回城内，如此

反复多次造成兵力强大的景象来迷惑敌人。置身于这悠长而坚固的地下战道之中，不可思议之余又满是对古代人民的智慧的惊叹。

曹操的两个儿子的能耐也大，曹丕是"天资文藻，博闻强识"的魏文帝，曹植则能出口成章、七步成诗。

在亳州发现的曹操宗族庙现已开出来的有董园二号墓和章园一号墓，董园二号墓是曹操的祖父曹藤之墓，章园一号墓为曹操父亲曹嵩之墓，在墓中发现的铜缕玉衣、玉枕、金属猪、铜爪饰都极为珍贵。

亳州除了曹氏一家都是文治武功之辈外，还有在军事上彪炳史册的张良、曹仁、曹洪、夏侯渊、许褚及有春秋豪杰、吴国大夫伍子胥等能人异士。

世界上第一位外科医生、发明了麻沸散的神医华佗的故里也是亳州。亳州是中医药文化的发祥地之一，在明清之时，就名列"四大药都"之首，素有"中华药都"之称。《中国药典》中冠以"亳"字的中药就有亳芍、亳菊、亳花粉、亳桑皮4种。华佗庵相传是曹操悔恨杀死同乡名医华佗所建。庵内湖畔边点缀着各种名贵的中草药，使人在庵内即受到传统医学的熏陶。

自神医华佗开辟第一块"药圃"开始，亳州种植、经营药材的风气便长盛不衰，至今中国最大的中药材交易中心依然是亳州，亳州可是个空气里都弥漫着药材味道的城市。

有药治病固然好，但能不吃药也健康才是福。亳州人注重养生，华佗发明的五禽戏在亳州发扬光大。五禽戏是一套模仿虎、鹿、熊、猿、鹤五种动物动作的健身方法，经常练习有祛病延年的功效，此法被历代养生家所赞扬，相传华佗的徒弟吴普因长年习练此法而达到百

岁高龄。这也是最具有亳州特色的文化招牌。

药都将药的功用发挥得淋漓尽致，药膳、药茶、药浴等养生之法在亳州形成了自己独有的特点。

酒文化是亳州另一特色而富有历史韵味的文化。曹操当年将"九酿春酒"以及酿造的方法献给汉献帝刘协，并提出"养怡之福，可得永年"的养生理念。而这"九酿春酒"即是如今全国著名的古井贡酒的前身，亳州建造了古井酒文化博览园，被誉为是"华夏第一白酒博物馆"。在《三国演义》中，酒很能体现一个人的英雄气概，"温酒斩华雄""煮酒论英雄"等都是有了酒才有的历史佳话，而曹操更是个爱酒之人。亳州人就计划着将老家的曹操奉为"酒神"，来丰富其酒文化。

再说说亳州的花西楼。花西楼原名大关帝庙，又称山陕会馆，其得名是因其上面雕刻彩绘绚丽夺目。"乾隆三十一年（1766 年）建新大殿，增置座楼，藻采歌台，固已极规模之宏敞，金碧之辉煌矣。"它最早是建来专供演戏用的，秀丽玲珑，雕绘精湛。花西楼的墙壁遍布各种浮雕，由水磨砖制成，全部手工雕琢。许多雕刻记载了诸如《白蛇传》等戏曲故事和民间典故，堪称亳州一绝。此楼对研究我国戏剧、雕绘艺术都具有很重要的价值。

南京巷钱庄是亳州另一处古老的建筑。明清以来，金融业更趋繁荣，商贾云集，商会林立。南京巷钱庄建于清道光年间，是清末平遥"日升昌"票号的分号。亳州以前众多的钱庄都被拆了，只有这家还保存完整。南京巷附近还有很多古街道，古韵犹存。

以大汶口文化为主的原始社会聚落遗存的尉迟寺遗址、万佛塔和天静宫、道德中宫也都是亳州建筑与文化的精髓。

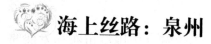 海上丝路：泉州

泉州坐落在福建东南部晋江平原上，从唐代至元朝，泉州"刺桐港"一直是中国主要对外贸易港口，是古代"海上丝绸之路"的起点，享有"东方第一大港"的盛誉。

泉州还有"刺桐城"与"鲤城"的别称。刺桐是一种原产于印度和马来西亚的豆科落叶乔木，其花木密集而艳丽，可供观赏。据《泉州府志》记载："五代时节度使留从郊对刺桐这种植物情有独钟，在拓建城垣，曾命人遍植刺桐，又让老百姓在城里的街道小巷内栽满了刺桐，所以泉州得到了刺桐这个别致的名称。"

"鲤城"这一名称则是因城垣的形状而来。泉州城自唐开元年间建成板筑城垣以后，经过历代的拓展，到元代，形成了一个周长15千米的大城。它的形状很像鲤鱼，所以泉州又称为鲤城。明代时的泉州城有9座城门，传说小东门为鱼口，日出时如鲤鱼吐珠。

作为中国古代最大的交通港口之一的泉州，它的城市发展是一个不断走向海洋的过程。五代时，这里为闽越国辖区，闽越统治者注意

发展海外贸易，招徕外商，旧有的城区已不能满足人口增长的需要，于是泉州城开始向外围发展。两宋时期，这一扩建的趋势仍在继续，城市南界已延伸到晋江之滨。到了元代，泉州成为东方第一大港，泉州城也在南宋城的基础上进一步向四周扩展，规模达到其历史之最，其面积为唐城的 10 倍。

从布局上看，从唐迄明清，泉州城不仅符合中国城市布局发展演变的一般规律，更体现出这个海洋城市的独特个性。唐代的泉州城是一个四四方方的小城，在夯土的城垣四面各开一门，城外有吊桥与城壕。同这一时期的众多城市一样，城内有十字形的主干道，一条南北向的大街作为城市的中轴线，在它的两旁对称地分布着整齐的里坊。按照前朝后市的布局原则，城市北面分布着衙署与住宅区，城南则设置了商市。五代以后，唐城的这种方正的格局被打破，由于城区向四面扩展，城市平面变为不规则的三角形。城门由原来的四个增加到七个，在扩建的东门街与涂门街上开拓了宽阔的道路，开放的货栈罗列其中。

两宋时期，泉州发展成了一座城区分工明确，交通网络四通八达的商业都会。不仅加固了城墙，修建了外砖内石的高大城垣，而且城市布局适应对外贸易的需要。城内有十字街三条，城内商业中心在中十字街，对外贸易机构集中在泉南，造船厂分布在南门江边。到了元代，泉州城内出现了外国商旅与侨民的定居点，如自中十字街至下十字街的泉南地区，是元代泉州城最繁华的地段，也是外国人侨居的首选区域，这里的清净寺、蕃佛坊、回教寺都是各国居民聚集地所在，史书上称之为"蕃坊"。

"州南有海浩无穷，每岁造舟通异域"，有了船就可以远航出海，而航海的需求必定促进造船业的发展。于是，在宋代的泉州，一种特殊的手工业——造船业蓬勃发展起来。

令人深省的是，泉州城的城市史与中国王朝时代的兴衰进程相始终。泉州兴起于中国封建社会的盛期——隋唐时期，在中华文明居于世界领先地位的最后时期——宋元时代，泉州也进入它发展史上的黄金时代。自明以后，中华文明逐渐落后于欧洲文明，丧失了在世界文明史上的领先地位，泉州作为中国古代首屈一指的对外交通港口的时代也宣告结束。

第五章

华南历史名城

南越故地：广州

广州是一座有 2800 多年历史的文化古城，历史源远流长。早在七八千年前的新石器时代，就有先民在这里生息繁衍。广州最早的名称叫楚庭，据说是为纪念与百越人民交往的楚人而建。广州还有一个羊城的别名，与"五羊衔谷，萃于楚庭"的传说有关。据说古时南海有五位仙人，身穿五色衣，骑着五色羊，带着每茎六穗的稻谷，来到楚庭，口称"愿此阛阓，永无饥荒"，随即腾空而去，那五只羊则变化为石，这样，广州又有穗城的别称。

秦汉时期，赵氏在岭南建南越国，定都番禺，奠定了广州在岭南的中心城市地位。三国时的广州为孙吴所辖，吴人将城址向番禺山以北扩展作为交州治所。黄武五年（226 年）划交州东部为广州，治所番禺。那时的广州管辖着今天广东、广西两省区的大部分地区；唐代广州为岭南道治所，曾在此设中都督府。唐末五代为刘岩及其子孙割据，广州城向南扩大，称为兴王府，作为南汉首府。宋代番禺为广南东路治所。元代广州为江西行省的广州道和南海治所，明代广州为广州布政使司和广州府治。清代为广东省和广州府治。广州自秦汉起至明清2000多年间，一直是中国对外贸易的重要港口城市。

"千门日照珍珠市，万瓦烟生碧玉城"，这是对古代广州繁华市井的生动写照。广州从一个小小的秦代番禺城发展到明清时期的泱泱都会，与古代的海外贸易有着十分密切的关系。

秦代番禺城又称任嚣城，番禺城平面略呈长方形，规模很小，位于今广州城东部的仓边路旧仓巷一带，为秦南海郡治所在。到了汉代，南越王赵佗割据岭南，将秦代的番禺城向东、西两面拓展，建成越城，俗称赵佗城。它的范围东至旧番禺县学宫（今农讲所旧址）以东的芳草街，西至古西湖。这个平面呈横长方形的城址，其较秦代番禺城规模大增，成为三国至唐代广州城的基础。

考古工作者曾在广州惠福东路清代大佛寺旁、光明广场于地的古遗址发掘出大面积纵横相交、排列有序的木桩，遗址中有一处已基本可以断定为水关，其作用是内涝时从城内向外排水，洪水时防止水流涌入城内，这是中国古代城墙一般必备的组成部分，因此专家推断它们可能是汉代广州南城墙遗址。古城遗址滨临珠江古岸，其西相距约1公里处为晋代码头——坡山古渡。在城址中，西汉至明清时期的砖砌房址、墙基、道路和水井等重要遗迹，随处可见。其下数千根圆木或深插泥中，或平铺其间，工序严密，制作精细，虽被风化，但仍可以看到当年的规模。地钉加横木的建筑方式可以使其上建筑平衡受力，特别适合水边建筑的地基，这种建筑方式当地至今还在沿用。

唐末五代岭南为刘岩及其子孙所割据，广州城曾向南扩张，称为兴王府，作为南汉都邑。入宋后，北宋政府在此设立了市舶司，发展

海外贸易，与此同时，矿场、造船等行业也发展起来，财富与人口的积聚对广州城市规模提出了新的要求，广州城也因此进入一个新的发展时期。其城池在南汉广州城的基础上向四面扩展，形成了东、中、西三城相连的布局。中城即子城，以南汉兴王府为基础，其范围东抵甘溪、西抵古两湖、南至大南路、北至越华路。东城则以古越城东部为基础。与一些内地城市不同的是，扩建后的广州其格局更多地考虑了社会经济因素，礼制色彩在一定程度上被削弱了。

明清时期，政府先后实行海禁，广州成为全国不多的对外贸易口岸，明永乐二年（1405年）在这里设怀远驿，专供外国使节和侨商居住。清康熙二十四年（1685年）建立粤海关，负责对外贸易的管理。明清时期的广州，其贸易地位跃居泉州之上，广州城市也再次得到发展。明代初年将宋元以来三个并联的小城合而为一，形成一个北跨越秀山，东至今越秀路的大城。其西、南沿用宋元旧址，称老城。后又在城南厢加筑外城，即新城，并增修东西翼门，形成了清末以来广州城的总体格局。

著名侨乡：梅州

梅州历史悠久，源远流长。从南汉置敬州始，至北宋改为梅州，清朝设直隶嘉应州。1949年10月设置兴梅专区，1952年8月并入汕头专区，1965年建立梅县专区，后改为梅县地区，1988年改建为梅州市。

梅州市素有文化之乡、华侨之乡、足球之乡、山歌之乡、金柚之乡和单丛茶之乡的美称，位于广东东北部，闽粤赣三省交界处，东临潮汕，北接福建龙岩和江西赣州，是客家人最主要的集散中心和聚居地，曾经举办过世界客属恳亲大会和世界客家联谊会，誉称世界的"客都"，具有浓郁的别有特色的客家风情。

客家，是中华民族中汉族的一支特殊民系，两千多年来，中原地区的汉人因逃避战乱、饥荒、迫害或因政府调迁大量南迁，集中定居在闽、粤、赣地区，又进而扩散至四川、广西、海南、中国台湾、中国香港、东南亚等各地。相对于这些地区的原居民而言，他们是客，因而称为"客家人"。

在客家人的迁移历史中，梅州是最主要的集散中心。由于元代梅

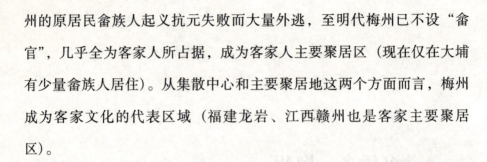

州的原居民畲族人起义抗元失败而大量外逃，至明代梅州已不设"畲官"，几乎全为客家人所占据，成为客家人主要聚居区（现在仅在大埔有少量畲族人居住）。从集散中心和主要聚居地这两个方面而言，梅州成为客家文化的代表区域（福建龙岩、江西赣州也是客家主要聚居区）。

梅州有较多的名胜古迹和人文景观。主要景点有：长潭风光、五指奇峰、合水湖山、神光映照、阴那雄姿、泮坑飞瀑、梅江秀色、三河盛景、益躬群岛、丰溪林海、汤坑温泉、雁南飞茶田等，各具特色，如诗如画，绚丽多彩。围龙屋、走马楼、五凤楼、土围楼等客家居民建筑，造型独特，结构巧妙，值得一游，叶剑英元帅故居和纪念馆、黄遵宪故居人境庐、千佛塔、灵光寺、元魁塔、狮塔鼓楼、"父子进士"石雕牌坊、梅州学宫、华侨博物馆等人文景观和名胜古迹，令人流连忘返，叹为观止。1965 年，郭沫若先生来梅州视察时，留下"文物由来第一流"的赞美诗句。

人杰地灵：桂林

"桂林山水甲天下"，这是我们熟悉的诗句。桂林的魅力，不仅在于她的大姿，还在于这块土地上丰富的人文遗产。

根据文献记载，桂林最早的筑城史大约始于隋代。据《旧唐书·李袭志传》，隋末，李袭志为始安郡（治所在今桂林市）丞，因地方盗贼横行，曾出资招募 3000 人守卫郡城，说明隋代始安已筑有城池。到了唐代，伴随这一地区经济的发展，城市建设进入一个繁荣时期。唐武德四年（621 年），李靖为岭南抚慰大使检校桂州总管，为便于防守，修筑桂州城，这就是《临桂县志》所记的子城。该城是桂州官府衙署所在地，故又称"衙城"。文献中记载该城"周三里十八步，高一丈二尺，有门四，南曰胜仙，东曰东江……西南曰顺庆，旧揭桂州额"，有人考证它的位置在独秀峰东南、漓江西岸，中心在今解放路与正阳路交会处。

随着人口的增加，城市繁荣及军事地位的日趋重要，至唐大中年间（847—859 年），蔡袭增筑外城，设怀威、肃清、朝京、龙堂、阳亭、通波、伏波、洗马八门。外城主要是居民区，它的范围西起中山路、东抵漓江，北白独秀峰，南至杉湖。唐末光启年间（885—887年）都督陈环又在外城之北修筑周长六七里的夹城一座，夹城主要是商业区，它南起独秀峰，北至叠彩山，东至伏波山，西至今中山北路，将独秀峰及桂岭都包含其中。经三次修筑和扩建，最后形成了面积大约1平方公里的山水城市。

1253年，蒙古军占领云南，广西成为南宋的西南前线，南宋政府开始加强静江府的城防。静江府共设城门20个，东、西两面防御较强，故设城门较多。旧城共有城门12座，东、西各辟5门，南北各设1门。新城共开4门，东2门，西与北各1门，南外城与西外城只各开1门。城门洞口普遍采用圆形券门，城门上建有高大的城楼，其上驻兵设岗，守卫城门。城墙上还开有暗门，设在东城墙与西城墙拐角处，也是一种军事设施。

静江府城的街道规划，也是从城防建设着眼的。东西方向贯穿全城的街道有两条，南北方向贯穿全城的只有一条，从镇岭门经朝宗门至顺庆门，亦是全城的中轴线。其余的道路都是穿半城的丁字街，共有八条，此外尚有小型斜路3条。此城丁字头路多，拐角路多，是军事防御的需要。

元末为镇抚地方，朝廷对静江城垣进行了大规模整修，其中东镇门南北一段石墙，及伏波山西北、漓江河堤驳岸，即为当时砌筑，距今已有640年的历史，为国内仅存的元代城墙建筑，弥足珍贵。

历经宋、元、明三代的规划与建设，桂林城市不仅成为一方政治与经济文化都会、军事重镇和交通枢纽，而且是融山水与人文景观于一体、特色鲜明的山水名胜城市。

桂林市，属于极典型的"喀斯特"地貌。石灰岩遍布全市，而经过了无数岁月，风化侵蚀过程使桂林千峰如簪，漓水如缎。

"桂林山水甲天下。"提到这句话，人们就会想到这些名字：象鼻山、伏波山、南溪山、尧山、独秀峰、七星岩、芦笛岩、甑皮岩、榕湖、杉湖……如果说那句人人皆知的话是对桂林之美抽象而统筹概括的话，那这些景点，则把这种美具体化地呈现在了人们的面前。

象鼻山，又称象山。它是桂林的一大标志，曾被诗人夸为"青山自是饶奇骨，百日相看不厌多"。在桂林城南，漓江和桃花江的江流汇合处，这座石头"大象"稳稳地站在那里，正伸出长长的鼻子"吸水喝"呢。象鼻与象身之间，有个形状正圆的大洞，这就是著名的水月洞了。洞里可以通行小舟，让人跟"象"山更为亲近。而最为人们啧啧称奇的，则是在明月之夜它的倒影所构成的奇观——"水底有明月，水上明月浮"。

洞内外崖有古代石刻的文物五十余件，包括宋代的诗人范成大和陆游的作品。其实，陆游并没有到过桂林，但他却对这里的奇山秀水相当神往。于是他把诗和信札寄给当时任昭州太守的朋友杜思恭。杜思恭"命工刻与崖石，与世人共之"。这也算陆游与桂林的一段奇缘吧。

象鼻山附近曾有座开元寺。据说唐代时候，鉴真第五次东渡日本失败后漂到了海南岛，在他往北行进的时候经过了桂林，就住在开元寺，还在此主持大典，讲法传经。可惜，这座古寺已经被废弃，人们只能遥想当年的盛况了，未免有些可惜。

当然，美丽的漓江，可以算是桂林这座城的精灵。发源于兴安县

猫儿山的漓江，从桂林到阳朔83公里水程，蜿蜒曲折，和山峰交缠而成了世界上规模最大、景色也最为优美的岩溶景区。"诗情画意"这四个字，仿佛正是为了这区区不到100千米的风景线而创造的一般。泛舟漓江，能看到田园人家，青山碧水，水里倒映着山峰，而山峰又捧着江水，不时出现的景致总能给人邂逅般的惊喜。九牛戏水，九马画山，都是那么栩栩如生。而望夫山和笔架山的传说，又让人兴致勃勃。杨堤、浪石，每一处的风光都勾人心魄，千姿百态的奇峰引起了人们无限的想象力。不过作为中国人，可能大家见得最多的，反而是兴坪镇的美景——1999年版的人民币，20元的背面就是取材于兴坪段的漓江风光。高低错落的山，回旋曲折的水，温柔而又具有强大的吸引力，这就是山水的魅力。

除了这最精彩的一段漓江风景之外，还有龙脊梯田、兴安灵渠、资江漂流、五排河漂流、八角寨、宝鼎瀑布……无数的美景都在期待人们的到来。

除了美景和文化，在这原始森林密布的土地上，生活着许多少数民族。包括壮、瑶、苗、侗在内的各色民族文化，都有着各自的风情，让全世界的旅游爱好者迷恋不已，甚至各国政要前来都流连忘返。

即使到了21世纪的今天，壮、苗、瑶、侗等少数民族依然保持着他们各自古朴而奇特的民俗风情，如壮族的三月三歌节，瑶族的盘王节、达努节，苗族的芦笙节、拉鼓节，侗族的花炮节、冬节……多姿多彩，使得猎奇的人们心向往之。这些少数民族，虽然聚居在同一个城市，但却都保持着自己民族的风俗，不仅是服饰、食物、节日这些形式上的东西，就连宗教信仰和语言文字都是各有各的不同。

　　说到吃，桂林也是具有鲜明的地方特色的。因地理位置的缘故，桂林的菜肴把酸辣的湘菜和清淡的粤菜结合在一起，反而别具风味。桂林的街头小吃更是一绝，最有名的自然就是桂林米粉。生菜粉、牛腩粉、三鲜粉、原汤粉、卤菜粉、酸辣粉、马肉米粉……全市数百家的米粉店都有自己独特的口味，让人垂涎三尺。

　　桂林三宝是指桂林享誉海内外的三种制品，即辣椒酱、豆腐乳、三花酒。桂林三花酒色泽清澈，入口柔绵，回味爽冽，畅销湖广，甚至远销到香港、澳门。在饱览了桂林山水秀丽的风光之后，畅饮几杯桂林三花酒，疲劳感就消失了大半，能够继续打起精神，继续领略美景，岂不妙哉！

第六章
东北历史名城

 东北重镇：沈阳

沈阳是辽宁省的省会。东北地区的交通、文化、经济和商贸中心，全国的工业重镇和历史文化名城。总面积约 1.3 万平方千米，总人口约 724 万人。

沈阳是闻名遐迩的历史文化名城。因地处古沈水（浑河支流）之北而得名，中国古代习惯把水的北面称之为阳，沈阳的名称就由此而来。沈阳地区孕育了辽河流域的早期文化，是中华民族的发祥地之一。据对新乐遗址考证，在 7200 年前的新石器时代就有人类在此繁衍生息。周代以前隶属营州，战国时期属辽东郡，西汉时期称侯城，辽代置沈州，并用土夯筑城墙，这是沈阳建城之始。金代沿用沈阳之名，元代重新创建城郭，改称沈阳路。

沈阳素有"一朝发祥地，两代帝王城"之称。1625 年，清太祖建立的后金迁都于此，1634 年更名盛京。1636 年，皇太极在此改国号为"清"，建立清王朝。1644 年，清军入关定都北京后，以盛京为陪都。

沈阳市是全国著名的历史文化名城和首批中国优秀旅游城市，旅游资源丰富多彩。名胜古迹有福陵、昭陵、新乐遗址博物馆、郑家洼子青铜短剑大墓、叶茂台辽墓、永安石桥等。沈阳故宫是除北京故宫外我国仅存的一座皇宫建筑群，具有较高的历史和艺术价值，是清太祖努尔哈赤和清太宗皇太极建造和使用的宫殿。

福陵和昭陵是闻名遐迩的"关外三陵"中的两个，是具有中国古代建筑特色和浓郁民族风格的帝王陵寝。福陵是清太祖努尔哈赤和孝慈高皇后的陵墓，昭陵是清太宗皇太极和孝端文皇后的陵墓，而且是清入关前留下的三个陵寝中规模最大的一个。

新乐遗址是我国北方新石器时代较早的一处母系氏族公社聚居部落遗址，距今已有7200多年。郑家洼子青铜短剑大墓位于沈阳市于洪区，是春秋战国时期的古墓群。叶茂台辽墓群位于法库县，是辽丞相萧义及其家族的墓群。永安石桥位于于洪区，是沈阳市内保存较为完整的清初石筑拱桥。

北国江城：吉林

　　吉林是吉林省除长春外的第二大城市，是全国唯一的市与省重名的城市。吉林位于吉林省中部偏东，有 23 个少数民族。吉林市历史悠久，气候宜人。

　　殷周时代，这里已有氏族部落。秦代以前，居住着满族祖先"肃慎人"。汉称挹娄，北魏称勿吉，隋改称靺鞨，辽代后改称女真。1115年，女真人建立金国，灭辽后，吉林为金国领地。明朝，隶属海西女真乌拉部统辖，为"乌拉国"。明万历四十一年（1613 年），吉林归属努尔哈赤统治，成为后金领地。

　　清康熙皇帝于 1674 年东巡吉林时，巡视水师营后，挥笔作诗，名曰《松花江放船歌》。因其中有"连樯接舰屯江城"的诗句，故吉林市素有"北国江城"之称。吉林市旅游资源丰富，松花江低回慢转，呈"S"形穿过市区。四面被龙潭山、小白山、朱雀山、玄天岭环抱，如神话中青龙、白虎、朱雀、玄武四神拱卫，还有西团山、东团山两座古文化遗址遥遥相望。环绕的群山和回转的江水，形成"四面青山三面水，一城山色半城江"的天然美景。

雾凇，亦称树挂、雪柳，是吉林市特有的景观，与长江三峡、桂林山水、云南石林并称为中国四大自然奇观。

独具特色的冰灯、河灯和庙会是吉林传统文化习俗。吉林是冰灯的故乡，吉林人民 300 多年来一直保持着这一传统的吉庆娱乐活动。最初的冰灯是在器皿中盛水，待其冻结到一定程度形成冰壳时，倒出中间的水，然后在中空的冰壳内点燃灯火而成。而河灯则是由最早的超度溺水亡灵而作的法事演变为后来的文化娱乐活动的。

吉林是满族文化的重要发祥地之一，多姿多彩的满族文化极大地丰富了中华民族传统文化，是中华民族宝贵的文化财富。吉林市人民的衣、食、住、行和宗教祭祀诸方面深深地烙上了满族文化的印迹，依稀可寻觅到几百年前的风采。马褂、旗袍是满族的民族服装，曾风行于全国。满族的食谱和菜肴颇具特色，白肉血肠是独享吉林食苑的美味。宽敞的庭院和山墙上的垂鱼、腰花砖雕饰件以及庭院东南角竖立着的祭祖喜鹊的神竿——索罗竿，是满族四合院的鲜明特点。

吉林市市区有 1742 年修建的东北最大的孔庙——吉林文庙；有佛、道、儒三教杂糅的北山古庙群；有明代留下的阿什哈达摩崖石刻；有充满神秘色彩的"世界之最"吉林石陨石，还有地方特色浓郁的传统民族风情。1994 年国务院公布吉林为国家历史文化名城。

高句丽的遗迹：集安

在我国的东北边陲，长白山南麓，有一处山青水绿、风光秀丽的小城。这样一座古都、像个俏丽的南方女子，含蓄、谦逊、静静立于鸭绿江畔，神秘地隐藏在崇山峻岭间，却遮挡不住往昔的繁荣，她就是汉魏高句丽故都——集安。

白云，蓝天，参天古木，五彩缤纷的野花，涓涓溪流沿山而下，郁郁葱葱，如诗如画，光与影的搭配，或明或暗，或深或浅。她南临鸭绿江，历史悠久，民风古朴，素有"塞外小江南"之称。所以，又有人说："早知有集安，何必下江南。"

集安，古称辑安，取"和安"之意，"陛下继位，臣服天下，辑安中国"。

在公元前三四千年以前，集安浑江、鸭绿江流域就已经闪烁着人类文明的光辉。远在唐、虞、夏、商之时，已有人烟。公元前300年前后，此地转属燕之辽东郡。秦统一后，属秦辽东郡。战国以来由于中原战乱频繁，致使许多中原人移居东北，集安境内同样为中原移民的目的地。

公元前 37 年，朱蒙在高句丽县境内建立卒本夫余地方政权后，高句丽的历史便拉开了帷幕。汉平帝元始三年（公元 3 年），迁都集安。自此，集安成为高句丽的政治、经济、文化中心长达四百多年。东晋之后，高句丽臣属南北朝的中原各王朝。公元 668 年，唐收复集安，高句丽亡。后又经历了渤海、辽、金、元、明各朝，光绪年间建立辑安县，直至明清，历代王朝都在这里设治管理。1931 年后，日本帝国主义逐步侵占东北，翌年三月建立伪满洲国，伪政权将东北肢解为 14 省，辑安县属伪安东省。1988 年，设立集安市。

高句丽是我国东北地区和朝鲜半岛存在的一个民族政权，而高句丽民族在中国历史上上演的一幕幕波澜壮阔的史剧，绝大多数都是以集安为中心舞台而出演的。

高句丽的开宗鼻祖叫朱蒙，关于朱蒙的出生，还有一段传奇的小故事。据说，朱蒙的母亲是地方民族政权夫余国国王的侍婢，当年怀他时正逢夫余国王在外狩猎。朱蒙出生后，国王便下令将其扔掉，可无论仍在什么地方都仿佛有神灵庇佑似的死不了，国王无奈，只好任由其母抱回抚养。长大后的朱蒙擅射，本领卓绝，国王本来就不喜欢这个所谓的儿子，加上左右人的怂恿，害怕朱蒙夺其王位，便想杀掉朱蒙。可怜的朱蒙知道后只好"弃夫余，东南走"，逃离了夫余国。

朱蒙南逃到玄菟郡高句丽县的卒本川后，看到这里土壤肥美，人民淳朴，适合居住，决定在此安家。抱负非凡的他干脆自己建立了政权，实施夫余国的一套政治、经济、文化等制度，国号"高句丽"，这样，对中国东北地区历史进程具有重要影响的高句丽国就正式建立了。

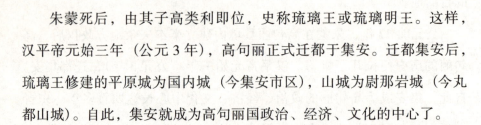

朱蒙死后，由其子高类利即位，史称琉璃王或琉璃明王。这样，汉平帝元始三年（公元3年），高句丽正式迁都于集安。迁都集安后，琉璃王修建的平原城为国内城（今集安市区），山城为尉那岩城（今丸都山城）。自此，集安就成为高句丽国政治、经济、文化的中心了。

高句丽历史上，对中原王朝时叛时附。高句丽帝国的扩张大致上始于王莽篡汉时代，不断地扩张和集权化导致了其与汉王朝的直接战争，王莽贬高句丽为下句丽，从此引发了战火。

没想到，高句丽不仅连战得手击败王莽政权，势力还进入朝鲜半岛。被光武帝刘秀击败后，野心勃勃的高句丽不甘心就此臣服，以集安为中心，趁"五胡乱华"时期大举入侵，名义上尊奉北方政权，但暗中掠夺土地，到南北朝末，不仅占有了辽东四郡实现了高句丽几代国王的夙愿，还征服了朝鲜半岛上的新罗、百济政权，迫使其臣服。北魏太武帝始光四年（427年）终将都城南迁至平壤，从此，国内城与尉那岩城便成为高句丽的别都。589年，隋统一中国后，要求周边国家为其臣属，高句丽却对此阳奉阴违还先发制人攻辽西，引发第一次高句丽与隋的战争。后隋为收复辽东四郡与高句丽多次战争，虽然没有灭亡它，却严重削弱了高句丽的国力，为唐灭其打下了基础。

唐贞观末期，东突厥基本被消灭了，四夷畏服，唐太宗开始集中火力攻打高句丽，用他的话就是"为中国报子弟之仇"，所谓君子报仇，十年不晚，至唐高宗总章元年（668年），高句丽终于被唐朝和新罗联军灭亡。唐朝在高句丽故地设置府州县，于集安设置了都督府，属安东都护府管辖。

在高句丽国存在的 705 年间，集安作为高句丽的政治、经济、文化、军事中心达 425 年之久，占据着绝对重要的地位。即使在迁都平壤后，集安作为别都仍不失其繁荣。

高句丽民族虽然早已退出了历史舞台，但他们却为集安留下了大量闻名遐迩的历史遗存，最为著名的要属"将军坟"和"好太王碑"。站在这些陵墓前，还能感受到当年陵墓主人的千秋功业，万丈豪情。

将军坟因其造型颇似古埃及法老的陵墓，被誉为"东方金字塔"，为高句丽王朝第 20 代王长寿王之陵。"将军坟"之称是清末当地老百姓叫的，一直流传至今。昔有《别金相登将军坟》一诗曰："将军坟墓几千秋，坟外年年江水流。桂酒椒浆伤往事，荒烟蔓草赋闲游。三辅霸业今何在，百济名邦早已休。独有英雄埋骨处，峨峨高峙龙山头。"

好太王碑屹立于大禹山脚下，鸭绿江之滨，为高句丽第 19 代王"好太王"的墓碑，立于东晋安帝义熙十年（414 年）。好太王陵位于好太王碑西南，是现存高句丽王陵中唯一确知年代、葬者的典型墓葬。从好太王开始，高句丽开始进入鼎盛时期，他死后，陵墓也是十分恢宏。

高句丽历史上有位痴情的皇帝，也留下了一首动人的诗为后人传诵。

相传，琉璃王类利即位后，娶有二妃，一为高句丽族女子禾姬，一为汉女雉姬。琉璃王十分宠爱美丽的雉姬，心怀妒忌的禾姬经常趁琉璃王不在时百般刁难雉姬。终于有一天，不甘受辱的雉姬离家出走了。

　　琉璃王外出归来知道后，非常伤心，马上率人出门追赶，可是，却怎么也找不到她。类利追之不及，在寻找的路上休息时，看到在一棵大树上有两只黄鸟互相依偎嬉戏，十分恩爱，悲从中来的琉璃王想到鸟儿尚且有此佳伴，而自己却痛失所爱，不由悲叹道："翩翩黄鸟，雌雄相依。念我之独，谁其与归？"

第七章

西北历史名城

汉唐气象：西安

西安是中国六大古都之一，明清古城垣保存较好，城区和近郊文物古迹众多，1982 年被国务院列为国家历史文化名城。自公元前 11 世纪，先后有西周、秦、西汉、东汉（献帝）、新、西晋（愍帝）、前赵、前秦、后秦、西魏、北周、隋、唐 13 个王朝建都于此，历时 1000 余年。西汉末更始赤眉、唐末黄巢、明末李自成，也曾建都于此。

从 100 多万年前旧石器时代的蓝田猿人，到六七千年前的新石器时代的半坡村，西安的建城史已有 3100 多年。在汉唐时期，西安就是中国政治、经济、文化和对外交流的中心，是当时人口最早超过百万的国际大都市。"西罗马，东长安（西安的古称）"是西安在世界历史地位的写照。

西安还是著名的丝绸之路的起点。西汉时期，汉武帝派遣张骞出使西域，正式开辟了以西安为起点，连接欧亚大陆的通道"丝绸之路"。从此，中国的使臣、商贾和中亚、西亚、南亚各国的使节客商往来络绎不绝，中外商业贸易迅速发展，文化交流日趋活跃，友好往来不断加深。

深厚的历史文化积淀和浩瀚的文物古迹遗存使西安享有"天然历史博物馆"的美称。境内有全国重点文物保护单位 23 处，陕西省重点文物保护单位 61 处。秦始皇兵马俑坑被誉为"世界第八大奇迹"，西安古城墙是至今世界上保存最完整、规模最宏大的古城墙遗址。近年来，汉阳陵的开发又一次造成了世界的轰动，其出土的裸体彩俑被誉为"东方维纳斯"。市内有 6000 多年历史的半坡遗址；明代建立的藏石碑 3000 多块、被誉为石质历史书库的碑林博物馆；文物储藏量占全国之最的陕西历史博物馆；唐代著名高僧玄奘法师译经之地大雁塔；西北历史最长的清真寺化觉巷大清真寺；唐大明宫遗址等驰名中外的景点。

秦始皇兵马俑是 1974 年被临潼县西杨村农民意外发现的。当地农民在打井时，挖出了一些残破的大型陶俑，紧接着的发掘证实这里是秦始皇陵的随葬兵马俑坑。考古学家发掘了编号为 1~3 的三个兵马俑坑。这样的随葬坑原本有四个，但 4 号坑却为一空坑。

在已发掘的三个大坑中，共出土武士俑 800 多件、木质战车 18 乘、陶马 100 多匹、青铜器和车马器近万件。据推测，三个坑中原来所埋武士俑可能不下 7000 个、驷马战车 100 余乘、战马 100 多匹。它们是模拟送葬军阵的仪仗俑群，表现了以车兵和步兵为主力的部队。车、骑、步、混合编排，战车是主要的作战工具，步兵有徒卒和弓弩手，徒卒跟随在战车后面，使长矛、戟等长柄兵器，弓弩手则布置在军阵的前方、侧翼和后部。武士俑及马俑如真人、真马大小，且神态各异。武士俑们手持数以千计的青铜兵器，身上刻画出铠甲，形式和编缀方法极为逼真。

大雁塔和小雁塔是唐代长安城最重要的遗存，两塔均位于西安城南。

大雁塔的修建与唐代高僧玄奘有关。唐玄奘即《西游记》中所说的唐僧，作为孙悟空、猪八戒和沙和尚共同的师父，唐僧被刻画成一个心地善良但有些不辨真伪的人。师徒四人为到西天求取真经，一路上降妖伏魔，历尽千难万苦，最终修成了正果。这部脍炙人口的古典文学名著，取材于大唐和尚玄奘的真实故事。玄奘于唐贞观三年(629 年)从长安出发，取道丝绸之路前往印度取经。他离开长安长达 16 年，最后不仅成功地带回了六百多部佛教经典，于贞观十九年(645 年)回到了都城长安，而且根据旅途所见所闻写下了《大唐西域记》一书。这本书至今仍是我们了解唐代西域地区历史、地理与文化风情的重要参考资料。不过，唐僧取经后，并没有成仙成佛，而是在长安的慈恩寺开始了佛经的翻译工作。唐高宗永徽三年(652 年)，玄奘按照印度佛塔的样式，在慈恩寺中设计和建造了一座佛塔，它就是赫赫有名的大雁塔。

大雁塔分五层，高 60 米，塔身刻有许多精美的线刻画。玄奘从印度带回的经卷与佛像就存放其中。大雁塔原来是砖表土心结构，建成后不久就倒塌了，武则天时期将它重建成一座十层砖塔。唐末战争后塔只剩七层。如今，大雁塔仍矗立于高高的砖台之上，它雄伟的气势和精巧的构思，使人不禁回想大唐帝国海纳百川的胸怀和博大精深的艺术成就。小雁塔在大雁塔西北的荐福寺内，它建于唐中宗神龙三年(707 年)，为密檐式砖塔。塔原有 15 层，明代关中大地震时震毁两层，现仍高 43 米。这座砖塔历经千年风雨，保存至今。

人文山水、古城新姿交相辉映，构成古老西安特有的神韵风姿。

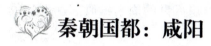 **秦朝国都：咸阳**

　　咸阳是秦朝的国都。关于其得名有两种说法：普遍说法是，咸阳位于陕西省八百里秦川腹地，九峻山之南、渭水之北，古人云"山南水北为阳"，咸，皆也，都之意，所以咸阳就是说山水都在阳面；另一种说法是有人根据《史记》和在秦都咸阳出土的陶文，认为商鞅在此曾置"咸亭""阳里"，秦孝公将两名合一，取名咸阳。

　　殷商时期，咸阳称作"程"。春秋时称渭阳。秦为咸阳。汉高祖元年（前206年），被项羽毁了的咸阳得到恢复，取名新城。汉武帝时改为渭城。西汉时，高祖长陵、惠帝安陵、景帝阳陵、武帝茂陵、昭帝平陵五个陵邑都在咸阳原上，所以汉后把咸阳原也叫五陵原。当时地方的贵族公子豪华奢侈、斗鸡走狗，"五陵公子""五陵少年"就是这个特殊阶层的代名词。

　　晋时设置灵武县，后赵时更名石安县，七年又划归长安，所以司马迁说，长安是原来的咸阳。

　　咸阳身处秦川腹地，莽莽八百里秦川以其浩瀚之胸怀环绕着咸阳

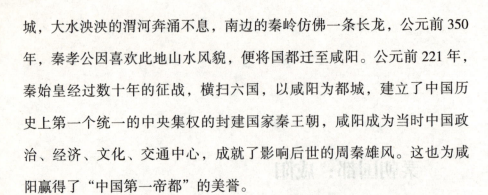

城，大水泱泱的渭河奔涌不息，南边的秦岭仿佛一条长龙，公元前350年，秦孝公因喜欢此地山水风貌，便将国都迁至咸阳。公元前221年，秦始皇经过数十年的征战，横扫六国，以咸阳为都城，建立了中国历史上第一个统一的中央集权的封建国家秦王朝，咸阳成为当时中国政治、经济、文化、交通中心，成就了影响后世的周秦雄风。这也为咸阳赢得了"中国第一帝都"的美誉。

长城、兵马俑、都江堰、郑国渠……得天独厚的咸阳可谓是秦王嬴政的福地，成就了他一生的霸业，岁月尘烟中，咸阳的山水于默默中缔造出一个大秦帝国。唐代大诗人李商隐被项羽焚烧的秦咸阳宫殿遗迹，想到这里昔日的繁华万千，不由感叹"咸阳宫阙郁嵯峨，六国楼台艳绮罗。自是当时天帝醉，不关秦地有山河"。

八百里秦川腹地，鬼斧神工的山川灵秀，滚滚东流的渭水养育了咸阳，肥沃的农田，稻谷连年丰收，造福了一方百姓。自古"嫁鸡随鸡，嫁狗随狗"，可据说秦人女儿都留恋这方肥沃土壤，不愿离开此地外嫁。

如此风水宝地，连老百姓都依依不舍，拥有天下的皇帝怎么会放过呢？放眼咸阳北塬，这块风水宝地上，历朝帝王将相纷纷在此修建陵寝，形成了百里陵墓绵延成龙的壮观之象。秦公陵、汉高祖长陵、惠帝安陵、景帝阳陵、武帝茂陵、昭帝平陵、昭陵、乾陵等帝王陵墓，以及近千座王公将相、皇族贵胄陵墓分布于此，星罗棋布，绵延百里，气势宏伟，世所罕见，被誉为中国"金字塔"群。

"渭水桥边不见人，摩挲高冢卧麒麟。千秋万古功名骨，化作咸阳原上尘。"站在这些陵墓前，透过这些陈列着的苍凉陵冢，似乎还能听见战马的嘶鸣，看见烽烟的升起，遥想当年陵墓主人叱咤风云的往昔，感叹过往繁华、宫阙万千，最终也只是化为了尘土，但他们在咸阳这片土地上留下的千古篇章却是被后人铭记的。

乾陵，埋葬着唐王朝皇帝高宗李治和中国历史上唯一的女皇帝武则天，是世界上独一无二的两朝帝王一对夫妻皇帝合葬的陵墓。作为史上唯一一位女皇帝，她的一生充满传奇色彩。据说，她从小就有异相，当时名闻天下的星相家袁天罡曾到武家赴宴。席间袁天罡给武家人相面，当看到武则天时，大惊道："此子龙睛凤颈，伏羲之相，必极显贵！"又叹："可惜是女，若是郎君，当为天下主！"如今，著名的无字碑就在陵墓旁，碑上早已被密密麻麻刻满，这位叱咤风云的女皇帝手段凶狠但功绩也颇多，留下一块空白的石碑任由后人评说她的千古功过，由历史去填写曾经的过往风云。

茂陵，是历史上一位可以和秦始皇相提并论的封建帝王汉武帝刘彻之墓，汉武帝一生雄才大略，他在位时，是汉帝国的鼎盛时期。北击匈奴，打通了通往西域的道路，开通了历史上著名的"丝绸之路"，奖励农耕，鼓励生产，发展贸易，富国强兵，建立了一个强大的大一统汉朝。墓内殉葬品极为豪华丰厚，相传武帝的金镂玉衣、玉箱、玉杖等一并埋在墓中，史称"金钱财物、鸟兽鱼鳖、牛马虎豹生禽，凡百九十物，尽瘗藏之"。

"回眸一笑百媚生，六宫粉黛无颜色"的杨贵妃也埋在这里，唐玄宗天宝十四年（755 年），爆发了导致大唐帝国由盛转衰的"安史之乱"。次年，唐玄宗西逃至马嵬坡时，随驾护卫三军不发，请斩贵妃杨玉环。唐玄宗无奈，只好赐贵妃自缢，演出了一幕震撼千古的悲剧。

历代文人骚客不惜笔墨评说唐玄宗与贵妃缠绵悱恻的爱情故事，也为这座坟增添了不少神秘色彩。

此外，周陵的周文王和周武王墓、汉景帝阳陵、唐太宗昭陵、苏武墓、周公墓、姜太公墓、徐懋功墓、唐永泰公主墓、懿德太子墓等也都在这里。"南方才子北方将，咸阳原上埋皇上"，"三原桥，泾阳塔，不抵咸阳的冢圪塔"，说的就是这帝王墓葬之多的奇观。汉朝骠骑将军霍去病墓石刻前的"马踏匈奴"寄托了对英雄的哀思，"昭陵六骏"用高超的雕刻艺术记录了唐王李世民南征北战立下的千古功勋，乾陵司马道旁的石人、朱雀、翼马、六十一王宾像等堪称一绝；顺陵的走狮、独角兽观后，令人叹绝……和这些陵墓主人一起埋葬的是无数的稀世珍宝和他们传奇的一生。

"秦地最胜，无如咸阳"，咸阳是中华民族的发祥地之一，千百年来，聪慧勤劳的咸阳人民创造了色彩斑斓的以黄土文化、关中风情为特色的民俗文化。"房子一边盖，面条像腰带，锅盔像锅盖，辣子一道菜，手帕头上戴，姑娘不嫁外，搅团人都爱，不坐蹲起来"。这是咸阳乃至关中民间流传悠久的咸阳八大怪，关中八大怪，也叫秦地八大怪。神话、歌谣、谚语、秦汉文化、秦汉歌舞及社火、剪纸、皮影、牛拉鼓等民间艺术遍地珠玑，俯拾即是，大放光彩。

因为身处帝王之都，所以咸阳自古名医荟萃，许多宫廷保健秘方和民间偏方经过长期的实践检验和科学研究，不断发扬光大。近年来，医术、武术、气功教学和中医保健知识也成了咸阳的一大特色。

咸阳不仅成就了帝王的千古霸业，而且还是名扬中外的丝绸之路的源头，当年，秦国稍有家资的女子尤其喜穿丝绸服饰，华美、精雅的丝绸长久不败地成为华夏文化的象征之一。

 ## 汉水之源：汉中

汉中，位于陕西省西南部，北依秦岭，南靠巴山，汉江横贯其中，冬无严寒，夏无酷暑，土质肥沃，水源充足，素有"小江南"之美誉，历来是陕、甘、川、鄂四省毗邻地区的重镇。

汉中是个有故事的城市。"明修栈道，暗度陈仓""天下第一武侯祠""博望侯张骞"等家喻户晓的故事听起来多少都会让人感觉有些振奋。而"汉朝""汉人"等名称都与汉中有关。

商周时，汉中境内有褒国，先后属梁州、雍州。春秋战国时境内为南郑地，先后分属巴蜀、秦国。公元前312年，秦始置汉中郡（治在今安康市境内）隶之。

周朝时，有一名美女，叫做褒姒。古褒国的人为了赎罪，将她献给天子周幽王。褒姒生性不爱笑，周幽王为取悦褒姒，举烽火召集诸侯，诸侯匆忙赶至，却发现并非寇匪侵犯，只好狼狈退走。后来，褒

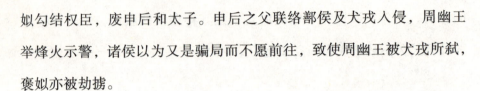

姒勾结权臣，废申后和太子。申后之父联络鄫侯及犬戎入侵，周幽王举烽火示警，诸侯以为又是骗局而不愿前往，致使周幽王被犬戎所弒，褒姒亦被劫掳。

"一笑失天下"的美女褒姒即是汉中人。"商惑妲己""周爱褒姒""汉璧飞燕""唐溺杨妃"皆为倾国倾城的美人，也终成"红颜祸水"。但若不是君王的昏庸又怎会因一个弱女子而灭国，她们的美丽仅仅只能加速一个王朝的覆灭，而不能真正倾覆一个王朝。

当项羽自立为西楚霸王之后，更立沛公刘邦为汉王，封地为巴、蜀、汉中三郡，目的是为了将刘邦困在交通不便利的巴山蜀水之间，而约束其发展。刘邦得知后，怒火中烧，想要举兵反抗，却无奈实力悬殊，在丞相萧何的劝阻下，也就乖乖地去当了汉王。

张良送刘邦就国，绕道汉中城却不进，先到了汉中城西的褒中。张良观察良久之后对刘邦说："大王，你何不将这条栈道烧毁？"刘邦大惑不解，问道："那我日后怎能出得去呢？"张良说："若不烧掉这条道路，它的北口就在雍王章邯的大门上！你还没有打出去，他就打进来了。"张良接着说："项羽不是怀疑你会再进攻他吗？烧掉了这条栈道，就等于向项羽表明你无能力抵抗他的进攻，也不准备再打回关中和他争夺天下。这样就可以麻痹项羽，使他解除戒备。然后大王以汉中这块地方为基地，屯兵养马，广积粮草，养精蓄锐，再图来日。"

后韩信派樊哙、周勃率领老弱病残一万余人，去修复褒谷口的褒斜栈道。樊哙接受军令后，不知是韩信的妙计，只是在内心埋怨张良：早知今日重修，何必当初烧毁？沿途艰难险阻太多，他二人信心不足，因此修筑进展缓慢。

韩信派樊哙修栈道的消息传到关中，雍王章邯知道后，乐道："刘邦手下的人都无能啊，竟然任用胯下受辱的韩信做了大将。韩信派人重修五百里栈道，看他何年何月才能修通？"说罢哈哈大笑。

章邯哪里知道，当樊哙率领修复栈道的队伍进入褒谷不久，韩信和刘邦却统率十万大军，悄悄地绕过褒水，然后分为两支进军。一支从今勉县百丈坡入口，经土地梁、火神庙、九台子、铁炉川（今留坝县闸口石），翻箭锋垭到大石崖（今凤县瓦房坝），北出陈仓沟口的连云寺等地，日夜暗行。

当韩信的精锐部队神不知鬼不觉地到了陈仓（今陕西宝鸡东），进入关中平原的时候，雍王章邯才大吃一惊，知道中了韩信声东击西之计，慌忙准备应战，却已经措手不及了。

期间，刘邦筑拜将台拜韩信为大将，后人作诗对其评价为："高祖筑坛拜将帅，天佑汉室帝业开"。确实，自此之后，刘邦的势力迅速成长，最后与项羽逐鹿中原，并成了汉朝的开国国君。在汉代以前，四邻的部族，把我们称为"夏人"或"秦人"；自汉兴以后，改称"汉人"，相应把汉人之族，称为"汉族"。

汉中还出了一位伟大的探险家——张骞。汉武帝想联合大月氏共击匈奴，张骞任使者，于建元三年（前138年）出陇西，经匈奴，被俘。在匈奴十年余，娶妻生子，但始终秉持汉节。后逃脱，西行至大宛（今费尔干纳盆地），经康居（今巴尔喀什湖和咸海之间），抵达大月氏，联合计划遭到拒绝。后再至大夏（今阿富汗斯坦巴尔赫附近），停留了一年多才返回。在归途中，张骞改从南道，依傍南山，企图避免被匈奴发现，但仍为匈奴所得，又被拘留一年多。元朔三年（前126

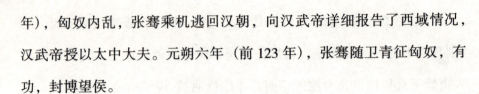

年），匈奴内乱，张骞乘机逃回汉朝，向汉武帝详细报告了西域情况，汉武帝授以太中大夫。元朔六年（前123年），张骞随卫青征匈奴，有功，封博望侯。

后张骞复劝汉武帝联合乌孙（今伊犁河流域），汉武帝乃拜张骞为中郎将，于公元前119年率三百人，牛羊金帛以万数，出使乌孙。张骞到乌孙，分遣副使往大宛、康居、月氏、大夏等旁国，此行也取得了很大的成果，西域各国也派使节回访长安。乌孙遣使送张骞归汉，并献马报谢。元鼎二年（前115年），张骞还。翌年卒。他所遣副使后相继引西域诸国使者来汉。乌孙后来终于与汉通婚，共击破匈奴。

汉中与《三国演义》故事紧密相连。刘备自立为汉中王，汉中是魏蜀两国兵戎相见的主战场。一代名相诸葛亮在此屯兵八年，六出祁山，北伐曹魏，最终鞠躬尽瘁而葬在定军山下，在武侯祠安息。诸葛亮为蜀汉丞相，生前曾被封为"武乡侯"（武乡在今汉中市的武乡镇），死后又被刘禅追谥为"忠武侯"，因此历史上尊称其祠庙为"武侯祠"。这是全国最早、也是唯一由皇帝下诏修建的武侯祠，故有"天下第一武侯祠"之美称。

武侯祠内的旱莲是绝妙的美景，是世界上至今为止发现的唯一的一棵古旱莲，它原是当地人民为了纪念诸葛亮而栽的，过去一直被人们视为"绝世"的珍贵奇花。每当春暖花开的时节它都是落英满枝，芳香袭人。特别是3月中旬，旱莲树便繁花似锦，次第开放。

定军山是三国时的古战场，黄忠于此斩夏侯渊、赵颐，遂负盛名，有"得定军山则得汉中，得汉中则定天下"之美誉。

汉中的土里还躺了另一个名人，他就是发明了纸张的蔡伦。东汉明帝年间，桂阳（今湖南耒阳）人蔡伦入宫，初为小黄门，负责宫廷用品的供奉。由于办事负责，工作细心，不久蔡伦就被升为中常侍，又升为尚方令。在他的业务范围里，竹简和丝绸布帛需用量很大。爱动脑筋的蔡伦，考虑要用一种更廉价、更方便的东西，来代替现在所用的竹简、丝绸布帛。他用树皮、麻布头、破布、烂渔网等废弃物，捣烂成纸浆，制成了最早的纸。皇帝封他为龙亭侯，他发明的纸叫蔡伦纸。龙亭位于陕西汉中洋县城东 10 公里的龙亭镇，这里是蔡伦的封地，他便长眠于此，现为省级重点文物保护单位。

 ## 八卦传说：天水

天水虽然地处甘肃，但气候宜人，物产丰富，素有西北"小江南"之称。除了这上天赋予得天独厚的条件之外，天水让人印象深刻的还是人杰地灵，这才是天水最独特的一面。那些古老的故事和文明的遗存，才是丝路的旅人们最美的追逐吧。

天水是中国古代文化的发祥地，也是海内外龙的传人寻根问祖时必去的圣地。境内发掘的大地湾原始村落遗址以及古文献资料都明明

白白地证实，天水是伏羲氏的诞生地和伏羲文化的发祥地。如今的天水，依然保存着全国规模最大的伏羲庙和伏羲创画八卦的遗址卦台山。位列"三皇之首"的伏羲氏，在中国文化史上的意义可想而知。而孕育了伏羲氏的天水，自然与有荣焉。

伏羲氏是中国历史上最早的王，作为这样一位人类文明的始祖，伏羲教会了子民渔猎和驯养家畜，变革了婚姻习俗，结束了长久以来的原始群婚制度，他始造书契，让结绳记事成为了历史，还发明了陶埙、琴瑟等乐器，创作乐曲，所谓"修身理性，反其天真"。他将自己统治的地域分而治之，任命官员，为后代治理社会提供借鉴。

如此多的功绩都是伏羲一人作出的，而他最有名的事迹，还是创立八卦。相传，天水的卦台山就是当年伏羲画八卦的地方。传说伏羲为了探索自然的奥秘经常在这里观察日月星辰。有一次他突然看到了一匹全身布满奇异花纹的"龙马"。这匹龙马跃到了山下渭水河中的一块形如太极的大石上。伏羲当即受到了启发，于是画出了对后世影响极为深远的八卦图。现在的卦台山，依然保存着龙马洞和渭水中的那块分心石。

八卦博大精深的文化内涵和以它为特征的伏羲文化，古往今来，吸引了无数海内外的学者。据说，大数学家莱布尼茨发明二进制，也是受了八卦的启发。直到今天，二进制在现代生物和电子学中，依然发挥着极其重要和基础的作用。

天水市的伏羲庙又称"太昊宫"，首建年代距今已有七百多年的历史。庙内南天殿天花板上绘有完整的 64 卦及河图图形，这在其他地方是少有的。伏羲是中华民族的始祖，天水人，总喜欢把伏羲庙称为"人祖庙"。根据庙内的碑刻记载，伏羲庙建于明成化十九年至二十年间，在明清时期曾九度重修和扩建，才形成了这样一座整肃宏伟、布局严谨的古代建筑群。在每年的农历正月十六伏羲诞辰以及农历五月十三——传说中龙的生日，天水都会举办规模盛大的祭典仪式，20 世纪 90 年代又将其扩大办成了天水伏羲文化节，不难看出天水对伏羲文化是相当重视的。

"天水"是这里使用时间最为长久的名字，源于"天河注水"的动人传说。据说当年天象异常，在某个夜里突然地面震动然后裂开了一条大缝，纯净的河水从天上注入大缝里形成了一个湖，叫作"天水湖"。天水湖水质甘冽而醇厚，水位还相当稳定，"春不涸，夏不溢，四季滢然"。于是当时的人就说有天河与这个湖相通，又叫它"天水井"。这个传说到了汉武帝耳朵里，于是他命令把新设的郡建在上邽北城的湖旁，起名"天水郡"。从那时起，就有了"天水"这个地名。

除此之外，因为天水是"秦"的发祥地，所以还有个别名叫秦州，另有一个古称叫"成纪"。自汉代设郡以来，天水先后为郡、为县、为镇，所辖区域及治所曾多次发生过变动。直到 1913 年，废秦州设天水县，1927 年又改为天水行政督察专员公署。1949 年天水解放，设天水分区，1950 年设天水专区。

天水是我国的历史文化圣地，中华文明的源头之一，距今 8000 年前的大地湾文化在此延续了 3000 年，对古代中原和西部地区的社会历史产生过极为重要的影响。在天水出土过中国最早的彩陶、绘画、雕塑、礼器、地图、纸张、毛笔、木尺等，考古学还证实天水是我国农业畜牧业、建筑、纺织、古代文学戏曲的发源地。除了伏羲之外，相传女娲、炎帝、黄帝、神农等都诞生在天水，并有大量的文献和遗址

加以证明。除此以外，天水还有大量有关《西游记》和《三国演义》的传说和遗迹，当然，其他名气稍逊的传说更是不可计数。

天水的历史文化，实际上投射出了中华民族的文化。天水曾诞生过无数的名人，也有许多名人旅居过天水：李广、赵充国、赵壹、诸葛亮、庾信、玄奘、杜甫、李白、吴蚧兄弟、宋婉、谭嗣同、邓宝珊……这一个个名字不仅让天水荣耀，也让中华文化锦上添花。

在历史上，天水是我国东南西北文化的交汇之地。虽然天水偏居西北内陆，不过原始人就把这里当作南下北上、东进西出的重要据点了。后来起源于东方的秦人来到天水。除了吸纳中原文化之外，还把它与西戎、巴蜀等文化融合在一起，最终统一了全国。直到现在天水的传统建筑、语言风俗、地方饮食、民间歌舞武术还是带有东西过渡和南北交融的特点。

天水还是我国的宗教圣地之一。天水有以麦积山为代表的一大批佛教石窟和寺庙，有全真教在元朝修建的玉泉观，也有我国最早的回族清真寺和伊斯兰教哲合忍耶学派的圣地张家川宣化岗。除此之外，天水还是我国基督教最盛行的地区。几大宗教在这里融洽相处，并行发展，也算是文化交融的一部分。

河西重镇：武威

在狭长的河西走廊上，有闻名中外的丝绸之路，这条路上散落着一串璀璨的明珠：武威、张掖、酒泉、敦煌……

武威，古称凉州，乃河西第一重镇，之所以叫武威，是因为汉武帝时，西汉国势已经非常强盛，为了平息匈奴的侵扰，雄才大略的汉武帝决定派军反击，派年轻的骠骑大将军霍去病远征河西，在祁连山一带，霍去病率兵先后六次打败匈奴，立下了赫赫战功。为了张其"武功军威"，遂取名武威。

几千年前匈奴人修筑的故臧城，成为今天凉州城最早的雏形。西汉初为匈奴所占，公元 121 年，汉击败匈奴后设置了武威郡。张骞"凿空"西域，开通"丝绸之路"后，绵延万里的丝绸古道便孕育了雄奇独特、波澜壮阔的历史风云。三国时设置凉州。宋朝大修武威城，使武威成了长安以西的第一名城和河西走廊的"金城汤池"。西夏设西凉府，元改府为州，属永昌路。明置凉州卫，属陕西行都司。清改为武威县，凉州府治，为甘凉道治所。辛亥革命后废府存县。

　　武威地区撤地为市后，原武威市随之改为凉州区。悠久的历史孕育了悠久的文化，武威不仅是古代中原与西域经济文化交流的重镇，还一度成为北方的佛教中心。著名的凉州词、曲也都是在这里诞生。

　　凉州属于天狼星分野，狼性属寒，加之北地清冷，三国时，魏文帝因这里地处西方气候寒冷而设置凉州，上升为全国十三州之一后，凉州从此在历史上奠定它的重要地位。东晋十六国时期，前凉、后凉、南凉、北凉四个凉国都曾在这里建都兴国，加之隋末唐初李轨在这里建立大凉国，凉州成为显赫一时的"五凉古都"。

　　在五凉的一百多年间，中原大乱，凉州独安，于是有了"天下方乱，避难之国唯凉土耳"之说，中原人才纷纷逃来凉州避难，也为凉州带来了新鲜的汉文化气息。面对各路人马的大显神通，凉州海纳百川，兼收并蓄，并由此形成了独具特色的"五凉文化"。

　　宋朝的凉州，是党项族建立的西夏王国在西部的统治中心，有"陪都"之称，为护国之辅郡，《西夏书事》称凉州为天府之国。

　　西夏党项人自汉代以来，过着畜牧生活，农业生产很落后，粮缺兵弱，打仗时十分吃亏。唐朝后期，又受到吐蕃压迫，无力还击只能北移，西夏后来的日益强盛还要得益于协助唐王朝镇压黄巢起义有功受到封赏。但由于继任者对宋时叛时服，宋夏战争不断。

　　不服气的西夏统治者早早便盯上了凉州，把它当作攻取的主要目标，这是因为得天独厚的河西自古就是一个理想的农业和畜牧业基地。宋史称："甘、凉诸州，地饶五谷，尤宜麦稻"，"岁无旱涝"，如果拿下了作为河西首府的凉州，一边可以断宋之右臂，一边又可以阻止宋与吐蕃联合，两全其美，一箭双雕。功夫不负有心人，经过与宋、吐蕃的反复争夺数次征战后，党项终于夺取了河西。首领李元昊在建国当年，曾"祀神西凉府"，举行登基典礼，祭拜天地之神，凉州在西夏的地位可见一斑。

西夏建国后统治者采取了一系列发展生产的措施，凉州的商业贸易得到恢复和发展，虽不及盛唐时期发达，但较以后的五代时期要繁荣得多，尤其茶马贸易占有重要地位。马匹等畜产品常通过凉州，和辽、宋进行贸易，换取茶叶、布匹、铁器等生产生活必需品，车来人往，热闹非凡。

西夏时，由于统治阶级的大力提倡，佛教在凉州大为盛行。从王室贵族到平民百姓都笃信佛教，而且占统治地位的是藏传佛教。西夏藏传佛教自西夏时期传入河西后得到迅速发展，在当地佛教中逐渐占据主导地位。当时的凉州寺庙林立，僧徒遍地，香火旺盛。

1094 年，西夏崇宗大力修复因地震而遭到破坏的凉州护国寺，今天保存在武威文庙中的"西夏碑"即《重修凉州护国寺感通塔碑》。因其正面刻西夏文，简称"西夏碑"。

凉州自古产名马，凉州尤以"畜牧甲天下"闻名于世，所产马匹对战争尤为重要。"凉州大马，横行天下"。强大的骑兵也曾经是汉朝反击匈奴入侵、保持北部地区安定必不可少的军事条件，所以汉人对马的喜爱超过了以往的任何一个朝代，并把骏马看作是民族尊严、国力强盛和英雄业绩的象征，这也表现在汉朝大量与马有关的雕塑上。

在武威雷台出土的汉文物中，艺术价值最高的是一匹铜奔马。著名考古学家郭沫若将其定为天下第一马——"马踏飞燕"，这是一件举世无双，技艺水平极高的文物珍品。

一只体形矫健昂首嘶鸣的马，三足腾空，神势若飞，右后蹄踏在一只凌空飞翔的燕子上，以飞鸟的迅疾衬托奔马的神速，表现了骏马凌空飞腾、奔跑疾速的雄姿，给人以腾云凌雾、一跃千里之感。大胆的构思，浪漫的手法，令后人叫绝。而一匹马所具有的勇敢无畏的气势不仅寄托了汉人对胜利的美好祝愿，也是中华民族蓬勃生命力的象征。

武威还是商品集散地与葡萄的故乡。"丝绸之路"开通后，武威成了这条路上一颗璀璨的明珠。丝路漫漫，驼铃声声，经过武威，大量的西域物产传入中原，如大宛的汗血马，西域的胡麻、苜蓿、核桃、葡萄等，而中原的丝绸、瓷器、音乐、文学、美术也源源不断地流入西域。武威成了河西政治、经济、军事、文化的中心，也是河西走廊的第一个交通重镇和商品集散之地，商贾往来，络绎不绝，为武威带来了繁荣的经济，促进了城市的进一步发展。

在西汉王朝时期，武威就是"通货羌胡，市日四合"的民族贸易之地。史书云："河西都会，襟带西蕃、葱右诸国，商旅往来，无有停绝。"有了汉朝的积淀，隋唐时期，武威无论是经济还是文化都十分繁荣，唐时的凉州很大气，透过"凉州七里十万家，胡人半解弹琵琶"的吟唱，可以想见当年武威的盛世繁荣，繁华万千。

武威因为地理位置的原因，日照时间长，昼夜温差大，极端气温相对持续时间短，最适宜葡萄的种植，又被专家称为"中国的波尔多地区"。历史上，凉州的葡萄酒，被认为是一种能唤起迷人联想的饮品。唐朝诗人王翰的千古绝唱"葡萄美酒夜光杯"，就是盛赞武威葡萄酒的历史写照。

甘州古城：张掖

　　大漠孤烟、长河落日、荒漠骆驼、苍茫戈壁，裸露的岩石和十涸的黄土，这大概就是人们对大西北的印象了。

　　而这里，黑河水汩汩流过，灌溉万顷良田，"半城芦苇，半城塔影"，雪山、碧水、沙漠、草原，南国风韵，塞上风情，相映成趣，素有"塞上江南"及"金张掖"之美誉。古人说："不望祁连山顶雪，错将张掖认江南。"

　　羌笛琵琶与异国风情，玉笛梅花和马背雄风，骑上一匹汗血马，迎着奔驰的风，沿着马可·波罗的足迹，聆听牧人低声吟咏的调子，金戈，铁马，刀剑，丝路……遥远的历史凝成大漠里永无休止的歌，凭着千里的风沙远远吟唱而来。

　　西汉初，这里被匈奴所占，汉朝名将霍去病率铁骑横扫河西走廊，逐匈奴于大漠之北，打通了西域孔道，汉武帝随后在河西设立酒泉、敦煌、张掖、武威四郡。张掖之名，意为"张国臂腋，以通西域"。此后，张掖便成为西域通向欧亚各国的"丝绸之路"上的重要城市。西魏废帝

三年(554年)，因境内之甘泉而改张掖为甘州，所以，张掖又名甘州。

隋朝时张掖商业发达，商贾云集，张掖郡治所在的张掖城已成为国际商业大都市。明设甘州卫。清为甘州府。

汉武帝时期，两次派张骞出使西域，开拓了中原通西域的路线。古丝绸之路由长安出发，经过河西走廊，到达新疆，再继续西行，前往印度、波斯等地。后来这条路线成为中原通往西域和中亚、西亚诸国的交通要道。

蚕丝的生产、丝绸的输出和缫丝技术的西传，是中国古代对世界文明的重大贡献。东汉时期，内地与西域以丝绸为主的商业贸易逐步繁荣。中国丝绸通过张掖运往西域，远销大夏、安息、大秦，直至地中海沿岸地区。举世闻名的丝绸之路，是古代东西方之间政治、经济、文化交流之路，而地处河西走廊咽喉地带的张掖，则是丝绸之路上的重要枢纽。

西魏时期，西域商队云集张掖，东罗马帝国和波斯钱币可在张掖交易中使用，张掖成为国际贸易城市。到隋朝时，张掖成为当时丝绸之路上最为有名的商贸重镇，隋炀帝曾亲自到张掖召集西域诸国君主使臣，召开了著名的"万国博览会"。此后，张掖贸易日益繁荣，由中西贸易的中转站，逐步发展成为对外贸易的平台，肤色各异、语言不同的八方来客在这里来来往往。元世祖忽必烈垦甘州之土为水田，仿宁夏之法种水稻，粮食产量大增，他还在城内建了甘肃最大的粮仓——扎浑仓，供应各路军粮。甘州一下子成为河西走廊的驿道枢纽和茶叶外贸的转口城市，商路四通八达，商品交易频繁。

意大利旅行家马可·波罗前往上都途中，曾在甘州停留一年，在

《马可·波罗游记》中记述了张掖的富庶、城市的规模以及宗教寺庙的宏伟。明代商业持续繁荣，甘州成为西北最大的畜产品集散市场，晋商及陕西、山东、京师商贾集团云集甘州，建立会馆。明政府利用山西、陕西商人运粮、茶至甘州，充实边储和开展茶马交易。

塞外的风沙卷着滴血的残阳，浩浩荡荡，奔涌如潮，而风沙茫茫、驼铃叮当的古丝绸之路不仅带来了经济的繁荣，更促进了文化的昌盛。

高僧玄奘去印度（天竺）取经，途经张掖。诗人陈子昂奉旨视察张掖，写有《上谏武后疏》。王维、高适、岑参驻足甘州时均留下著名诗篇为后人传诵。甘州音乐《波罗门佛曲》传入宫廷后，唐玄宗改制为《霓裳羽衣舞曲》。甘州边塞曲流入中原后，成为教坊大曲，以《甘州破》《八声甘州》等命名的词牌、曲牌流传甚广。

唐末，张掖与中原交往频繁，使节往来，货物运输，驼铃叮当声不绝；走南闯北的商贾，行走天下的僧侣，带来了南来北往多姿多彩的文化。北宋天圣六年（1028年），党项族首领李元昊击败甘州回鹘，建立西夏。西夏国建立后，将中原文化发扬光大，种田务农，兴修水利，发展文教。不仅如此，统治者们还大力推崇佛教、道教来巩固自己的统治，佛教文化一时大为兴盛，善男信女，香火缭绕。清时，文化教育更加昌盛，城乡到处可见社学和私塾，琅琅读书声满城可闻；民间武学林立，百姓习武成风，在一百多年间出现了二十多名武进士和一百多名武举人。

张掖有很多古迹遗存，新石器时代的东灰山遗址、隋代木塔、西夏大佛寺、明代钟鼓楼、黑水国遗址……这些丰硕的遗存，都是张掖流光溢彩的历史留存。

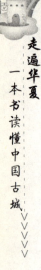

特别是保存完整的西夏大佛寺，这座汉传佛教寺院建于1638年，属于典型的西夏王朝风格，镇寺之宝是六百卷的张掖金经和大殿中的一尊近四十米长的泥塑大佛。据说，"文革"时有个尼姑在大佛寺中修行，把经书用泥封到藏经殿的墙壁间才得以保存下来。20世纪70年代，大佛寺修建时才发现这些经书，其中包括珍贵的《大明北藏经》。

张掖最有名的要数葡萄酒了，由于张掖的纬度和法国极为相似。因此具有和法国一样的酿制葡萄酒的自然条件。张掖的葡萄酒历史也是比较悠久的，不少葡萄酒成了今天的国宴饮品。

名扬中外：敦煌

敦煌古属酒泉郡，虽深处大漠，却是丝绸之路的重镇，东西方文化的交汇地。这里地僻人稀，风沙漫漫，却并不寂寞，时时有驼铃响起，商旅络绎不绝。天竺、中亚的佛教徒也是从这里，把佛教经卷带入中原。玄奘法师的求法足迹也经过这里，渐渐远去。

敦煌的名字有什么来历？敦，大也；煌，盛也。敦煌就是宏大辉煌的意思。

公元 366 年，有个云游四海叫乐樽的和尚经过这里。傍晚时分，见三危山金光灿灿，状有千佛。乐樽又是好奇又是惊喜万分，感觉这是佛祖的指示，屈膝跪下并萌生要广为化缘，开凿石窟的想法。

第一个石窟很快就开工了，也有越来越多的人因乐樽的奇遇而来这里朝拜，随之越来越杂的开凿之音在这里响了十几个世纪，持续不断，先后开凿了一千多个洞窟。遂成佛门圣地，号为敦煌莫高窟。佛家有言："修建佛洞功德无量。"莫高窟的意思，就是说没有比修建佛窟更高的修为了。莫高窟又俗称千佛洞。

敦煌莫高窟是本深邃的书，翻开了它的扉页便会轻易发现自己的浅薄，于是对它的描述总是会显得艰难。

莫高窟的发现被誉为 20 世纪最有价值的文化发现。莫高窟是我国四大名窟之一，是现存规模最宏大、保存最完好的佛教艺术宝库。

莫高窟从漫长的历史中蹒跚着走来，被时间的风沙侵蚀掉了其最初的模样，而且在一段时间之中莫高窟不仅遭到了自然侵袭更是遭受了诸如余秋雨《道士塔》中那个道士的人为破坏。看着那些残缺的古迹，该有多痛心啊！现在保存下来的石洞有 492 个，壁画 45000 多平方米，彩塑像 2000 身，如此神秘而壮丽的莫高窟被誉为"东方卢浮宫"。在近几十年中，国内外学者对莫高窟的兴趣与日俱增，在不断地研究中，逐渐发展成了专门研究藏经洞典籍和敦煌艺术的学科——敦煌学。

莫高窟是古建筑、雕塑、壁画三者相结合的艺术宫殿，尤以丰富多彩的壁画著称于世。石窟壁画丰富多彩，有各种各样的佛经故事，山川景物，亭台楼阁等建筑画、山水画、花卉图案、飞天佛像以及当

时劳动人民进行生产的各种场面等，这些作品都生动地反映了我国6—14世纪的部分生活及艺术发展情况。古代艺术家不仅熟练地将民族文化融入了这里，而且吸收了伊朗、印度、希腊等国古代艺术之长，使其在这里大放异彩。

在16号洞窟中发现了砌封于隐室中从三国魏晋到北宋时期的经卷、文书、织绣和画像等约五万余件珍品。文书的内容除了佛、道等宗教类还有文学作品、契约、账册、公文书函等世俗类的文书。文书除汉文写本外，另有栗特文、怯卢文、回鹘文、吐蕃文、梵文、藏文等各民族文字写本。这些文本的发现对我国古代文献的研究有特别的意义和极高的价值。

榆林窟是敦煌石窟的组成部分，俗称万佛峡，与莫高窟为姊妹窟，它的大致内容、艺术风格、绘画形式与莫高窟也一脉相承。榆林窟开凿于隋朝以前，现存唐、五代、宋、西夏、元等朝代洞窟42个。石窟中的雕塑有很多佳品，其中的一座高22米的释迦牟尼佛像，金碧辉煌，庄严而宏伟，罗汉像也形象逼真、活灵活现。但在榆林窟中，壁画却是最为珍贵的，它的内容丰富多彩，佛和菩萨的画像，佛教故事画，繁多的花禽鸟兽让人目不暇接。壁画之中当以唐25窟中的壁画最为精美，是唐代作品中的杰出代表。

沙漠的荒芜是不见植物只见黄沙的苍凉，而这种荒芜之中却隐含着神秘的风光，鸣沙山便是敦煌沙漠中的神秘之处。当有风从这里经过，风声便在这里吹起一阵奇怪而有趣的响声，狂风起时，沙山会发出巨大的响声，轻风吹拂时，又奏出管弦丝竹之音，于是便有记载："传道神沙异，喧寒也自鸣，势疑天鼓动，殷似地雷惊，风削棱还峻，人脐刃不平。"这响声吸引了众多的游人，但也没有多神乎其神，与神仙鬼神更无关系。沙能发声是因为在沙漠中，由于各种气候和地理因素的影响，造成细沙砾因风吹震动、沙滑落或相互运动，众多沙砾在气流中旋转，表面空洞造成"空竹"效应发生嗡嗡响声。鸣沙山另一奇特之处便是沙子有红、黄、绿、白、黑五种颜色，因此被叫作"五色沙"。

被鸣沙山环抱着的有一泉水，因弯曲如新月而得名月牙泉。这一弯沙漠清泉，碧如翡翠，它置身在沙漠之中却不会枯竭，而且飞沙不落月牙泉，泉水涟漪萦回，有"沙漠第一泉"之称。这块嵌在沙子中的翡翠不仅仅只是水好看，泉边芦苇茂密，微风起伏，芦苇也荡漾起湖水一般的波纹，很是漂亮。

这泉的俗名叫药泉，景区内的罗布麻、枸杞等药材很多，南岸的小花罗布红麻是非常保健的中草药，这"药泉"也算名副其实了。

这月牙泉的奇妙被概括为："月牙之形千古如旧、恶境之地清流成泉、沙山之中不淹于沙、古潭老鱼食之不老。"鸣沙山月牙泉的风景在沙漠之中独树一帜，不愧为"塞外风光第一景"。

敦煌古城为汉敦煌郡治，唐立沙州，元置沙州路，明设沙州卫，其城址一脉相沿，未曾他迁。

古城现仅存南、北、西三面断壁残垣。现在的敦煌古城应该叫作"仿宋沙洲城"，是1987年为中日合拍大型历史故事片《敦煌》，以宋代《清明上河图》为蓝本，仿照沙州古城而建造，再现了唐宋时期西北重镇敦煌的雄姿，被称为中国西部建筑艺术的博物馆。敦煌古城再现了敦煌的千年古貌，在《敦煌》之后，吸引了很多导演的目光，《封神演义》《怒剑啸狂沙》《新龙门客栈》《敦煌夜谈》《沙州

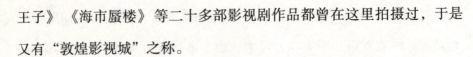

王子》《海市蜃楼》等二十多部影视剧作品都曾在这里拍摄过，于是又有"敦煌影视城"之称。

"黄河远上白云间，一片孤城万仞山。羌笛何须怨杨柳，春风不度玉门关"和"渭城朝雨浥轻尘，客舍青青柳色新。劝君更尽一杯酒，西出阳关无故人"是两首被世代传诵的千古名诗，而从这诗中意境便可知这玉门关和阳关一定是遥远而荒凉的地方，而两关所延伸出来的苍凉之感却是让人十分向往，巧的是这两关恰好又都在敦煌。

由于玉门关是相传西汉时西域和田的美玉进入中原的必经之路，因此得名。玉门关是一座四方形小城堡，保存得较为完整。在一眼望不到头的沙漠之中，长城蜿蜒逶迤，长城烽燧遗址如龙游瀚海。而阳关却早已湮没在时间的洪流之中，如今不可见其当初的模样。但两关在当初都是重兵把守的地方，多少将士的尸骨都埋在了这里，离情别绪如今在这里依然飘荡而久久不能消散，爱国的热情与对家乡的思念也在这里纠缠而不能得到释然。凭吊历史，总会有种眼泪夺眶而出的冲动。

第八章

西南历史名城

西南都会：成都

　　处于青藏高原与大兴安岭—太行山—巫山之间的广大地域，属中国地势的第二级阶梯。在这个平均海拔 1000~2000 米的地区，却出现了一块凹陷的平地，那就是位于四川西部的四川盆地，它的平均海拔仅在 500 米以下。在盆地西部的龙泉山与邛崃山间，长江支流岷江与沱江自北而南奔流而下，冲积出一片广阔的平原，这就是成都平原。造物主仿佛特别青睐这片处于崎岖山岭之间的土地，不仅赋予它丰富的水源，还赋予它沃野千里，成都平原于是有了"天府之国"的美誉。而在这方平原上成长起来的城市——成都，也成为中国西南地区最大的都会。

　　成都的历史可以追溯到三千多年前的商周时期。到了春秋中期，蜀人已在这一带建立了自己的国家——蜀国，成都与它附近的郫县一起先后成为蜀国统治四川盆地西北部的中心。在成都西郊的青羊宫曾发现古蜀国遗址，在遗址的最下层，即年代最早的文化堆积中，出土了不少烧灼过的卜龟甲片。蜀王开明第九世迁到成都时，曾动员人民大兴土木，兴修城池，提出"一年成市，三年成都"，这反映了成都城市化进程的开端，成都一名也由此而来。

公元前 316 年，秦灭蜀，设蜀郡，成都是蜀郡下属的县城之一。秦国还将秦地上万户的人口迁徙到成都平原。秦人对这一地区最大的贡献是兴修了著名的水利于程——都江堰，这一恩泽后世的伟大工程由秦孝王时的蜀守李冰主持。都江堰的建成使成都平原避免了水祸，又得到了灌溉之利。此后百年，成都平原"水旱从人，不知饥馑，沃野千里，世号陆海"，成为闻名于世的天府之国。到了汉代，成都平原已成为中国水稻的主要产区，其经济发达程度可与关中地区齐名。

在统一的时代，成都是西南地区的政治、经济与文化中心；在分裂的时代，它当之无愧地成为割据政权的首府所在。西汉末公孙述、三国蜀汉刘备、西晋末十六国成汉李特、五代前蜀王建和后蜀孟知祥等都曾在此建都。

唐代是成都一个重要的发展时期。唐至德年间(756—758 年)，升蜀郡为成都府。安史之乱发生后，唐玄宗避难四川，成都因此成为唐朝行都，一些逃避战祸的中原、关中人士也随之来到成都，当时的成都号称"南京"，其地位之尊可想而知。中国历史上一些文人学士，都曾在成都游历或居住，如李白、杜甫等唐代著名诗人，他们的作品有不少就是吟诵这一时期的成都。

唐宋之时，成都城东西南北都设有专门的蚕市、药市、花市灯会。由于商业发达，成都出现了世界上最早的纸币"交子"。北宋仁宗时，在益州（即成都）设官办交子业务，由官府公开印刷，发行"交子"。

独立的地理单元，相对较少的战争创伤，一脉相承的文化传统，

造就了成都独特的个性，而且这种个性在现代化的进程中得到了一定程度的保留。有人说成都是最富有生活气息的中国城市，这恐怕不仅因为美味绝伦的川菜魅力，更离不开成都丰富而深厚的文化底蕴。

成都是一个让人来了就不想走的城市，这是一座把品味生活张扬到极致的城市。

成都人散淡、悠闲、知足常乐，他们喜欢看报，喜欢喝茶，喜欢四人凑在一起打麻将。村头的老榆树下，斜倚在木椅上，泡上普通的盖碗茶，在闲暇里说些新鲜琐事，偶尔哼哼川剧独有的调子，听听茶馆说书先生的段子，吐一口乡里的草烟，说书先生穿着像是永远停留在20世纪30年代里的长袍，用独特流畅的"成都话"说尽天下无尽事。

早在西汉时期，成都的织锦业已十分发达，设有"锦官"，故有"锦官城"即"锦城"之称。成都的蜀锦，又称"锦绣缎"，是世界上最早发明的锦缎丝织品。其他手工业如缫丝、织绸、煮盐、冶铁、兵器、金银器、漆器等手工业也很发达。隋唐时期，成都经济发达，文化繁荣，佛教盛行。成都成为全国四大名城之一，农业、丝绸业、手工业、商业发达，造纸、印刷术发展很快，经济地位有所谓"扬一益二"（即扬州第一，成都第二）之称。

"蜀锦"被视为上贡珍品，产量全国第一。宋朝时期，成都鼎兴，经济文化更加发达。丝绸业规模扩大，品种增多，蜀锦花样翻番，能织出天马、流水飞鱼、百花孔雀、如意牡丹等新花样。在明代末年，蜀锦受到摧残，到了清代又恢复了生产，此时的纹样图案有梅、竹、牡丹、葡萄、石榴等。蜀锦质地坚韧而丰满，纹样风格秀丽，配色典雅不俗，是一种具有民族特色和地方风格的多彩织锦。

而蜀绣、川剧、茶馆更是被奉为独具魅力的巴蜀文化和丰富的历史文化资源。

蜀绣，又称川绣，是以四川成都为中心的刺绣品的总称。据载，蜀国最早的君王蚕丛已经懂得养殖桑蚕。汉末三国时，蜀锦蜀绣就已经驰名天下，作为珍稀而昂贵的丝织品，蜀国经常用它交换北方的战马或其他物资，从而成为主要的财政来源和经济支柱。蜀绣遍布四川民间，"家家女红，户户针工"。

川剧，是四川文化的一大特色。成都是戏剧之乡，早在唐代就有"蜀戏冠天下"的说法。清代乾隆时，在本地车灯戏基础上，融汇各地声腔，形成了含有高胡琴、昆腔、灯戏、弹戏五种声腔的用四川话演唱的"川剧"。川剧剧目繁多，早有"唐三千，宋八百，数不完的三列国"之说。川剧语言生动活泼、幽默风趣、绝技丰富，充满鲜明的地方色彩、浓郁的生活气息和广泛的群众基础。

茶馆，遍布城乡各个角落。据史料记载，中国最早的茶馆起源于四川。早在民国初期，成都茶馆数量已达四川之最。成都的茶馆不仅历史悠久，数量众多，而且有它自己独特的韵味，令人称道。在成都，无论你走进哪座茶馆，都会领略到一股浓郁的地方特色：竹靠椅、小方桌、三件头盖茶具、老虎灶、紫铜壶，还有那堂馆跑堂添水的功夫，无一不给你留下深刻的印象。三教九流、七十二行，百姓们围坐一桌，喝一壶热茶，听听说书先生的故事，聊聊天南地北家长里短的新鲜事儿，茶馆俨然成了社会生活的一面镜子。

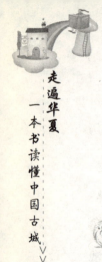
天府明珠：都江堰

都江堰市（原灌县）位于成都平原西北边缘，总人口约 55 万人。都江堰市始建于蜀汉，有着两千多年的悠久历史，因地处都江堰首，当时名曰灌县，1988 年 5 月，经国务院批准撤销灌县设立都江堰市，1994 年被国务院列为国家历史文化名城。

旅游业是都江堰市一个重要的支柱产业，都江堰水利工程、青城后山、龙池"三区"、灵岩寺都是国内乃至世界知名的景区。都江堰市因堰而闻名，境内闻名世界的最古老的水利工程都江堰，被誉为"活的水利博物馆""水文化摇篮"，是中国和世界水利史上的奇珍。奔流不息的岷江水分成密如蛛网的灌溉渠系，成为天府之国的生命之源，千百年来一直被誉为镶嵌在锦秀天府的一颗明珠，享有"天府之源"的美称。

著名的古代水利工程都江堰，位于都江堰市城西，古时属都安县境而名为都安堰，宋元后称都江堰，被誉为"独奇千古"的"镇川之宝"。两千五百多年来，引水灌溉，才使蜀地有"天府之国"的美誉。

都江堰是"天府"富庶之源，至今仍发挥着无可替代的巨大作用，灌溉良田一千多万亩。都江堰水利工程是全世界迄今为止，年代最悠久、唯一留存、以无坝引水为特征的宏大水利工程。

岷江是长江上游的一条较大的支流，发源于四川北部高山地区。每当春夏山洪暴发的时候，江水奔腾而下，从灌县进入成都平原，由于河道狭窄，古时常常引起洪灾，洪水一退，又是沙石千里。而灌县岷江东岸的玉垒山又阻碍江水东流，造成东旱西涝。秦昭襄王五十一年（前256年），李冰任蜀郡太守，他为民造福，排除洪灾之患，和其子二郎主持修建了著名的都江堰水利工程。

四川人民为了纪念李冰父子修建了二王庙。二王庙原名"崇德祠"，寓意李冰治水有功，人们推崇他的恩德。宋、元两代，李冰父子先后被敕封为王，故将崇德祠改为二王庙。从此，蜀人敬李冰如神明。现存建筑为清代重修。

两千多年来，李冰父子凿离堆，开堰建渠为天府之国带来的福泽一直为世人所崇敬、感激，二王庙从古至今不但香火鼎盛，而且在历史上一直都有官方以及民间的祭典和祭祀活动。形成了以李冰父子为主题人物的每年农历六月二十四日和六月二十六日为中心的庙会活动。

2000年11月青城山—都江堰被联合国教科文组织遗产委员会列入《世界遗产名录》。

红色城市：遵义

遵义，是一座光荣的城市，是充满了革命气息的红色城市。中国历史上的一代伟人，开国领袖毛泽东主席正是在这里登上了政治舞台，他紧握如椽大笔，以他诗人般的情怀，开始书写中国历史上轰轰烈烈波澜壮阔的革命诗篇。

遵义之名出自《尚书》："无偏误陂，遵王之义。"北依大娄山，南临乌江，古为梁州之城，是由黔入川的咽喉，黔北重镇。商周时代是诸侯小国鳖国，秦汉时代称鳖县，战国时期，今遵义一带属于大夜郎国的范围，唐宋元明时代称播州。唐代，这里是巴蜀地区抵御高原部落国的边境重镇。宋代，播州杨家将是西南地区抗击蒙古入侵的中坚力量。明末战乱，四川惨遭屠戮，唯遵义府幸存。清雍正年间，遵义划入贵州。

1935 年召开的遵义会议，是中国工农运动的重要转折点。遵义会议旧址位于遵义市老城红旗路（原子尹路）80 号，老地名叫琵琶桥。会址是一座坐北朝南的二层楼房，为中西合璧的砖木结构建筑。上盖

小灰瓦，歇山式屋顶上开一"老虎窗"，有抱厦。整个建筑保留了我国古建筑"彻上明造"的结构风格。房屋原是黔军师长柏辉章的私人官邸，是遵义城三十年代宏伟的建筑。1964 年年底，毛泽东主席为纪念馆手书"遵义会议会址"六个大字。

在遵义市小龙山上，一座庄严肃穆郁郁葱葱的山岗便是遵义红军烈士陵园了，这里埋葬着无数为了革命抛头颅、洒热血的革命英烈们，当地百姓尊称它为"红军山"。陵园的正面有一块碑，碑正面是邓小平同志手书的"红军烈士永垂不朽"八个金色大字，这座碑是在纪念遵义会议五十周年时兴建的。碑后是红三军团参谋长邓平墓。满山青松翠柏中，一座红砂石料砌成的墓地坐北朝南，墓顶正中竖一红色五角星。墓身正面嵌有墓碑，碑铭横书张爱萍手迹"邓平同志之墓"。左右侧室上壁为"鞠躬尽瘁、死而后已"八个大字。山上还有一座青石圆坟，坟前立着一块石碑，上书"红军坟"三个大字。据说里面葬着一位当年为遵义人民治病而惨遭反动派杀害的红军卫生员。

遵义的仁怀县，还是国酒茅台的产地。茅台酒是以它的产地命名的，已有两千多年的历史。一般要窖藏五年后才能成为出厂的成品，酒香浓郁、甘洌可口、色泽明亮，真正是玉液琼浆。茅台镇前临赤水，后依寒婆岭，酿酒条件得天独厚，早在汉武帝时期，当地人便已经开始酿酒，到盛唐时代，已经酿出美味的蒸馏白酒，这可能便是茅台酒的前身。18 世纪中叶茅台镇即有酒坊 20 家，见于文献记载的有"茅台春"与"茅台烧春"。

新中国成立后，茅台酒远销世界各地，被誉为世界名酒、"祖国之光"，被尊为"国酒"，该镇因而也被称为"国酒之都"。现在，茅台

酒已经与法国的"白兰地"和英国的"威士忌"齐名，被公认为世界三大蒸馏名酒，人们把茅台酒独有的香味称为"茅香"，是我国酱香型风格最完美的典型，是大曲酱香型白酒的鼻祖。

酒镇茅台在仁怀的赤水河畔，群山环峙，地势险要，是川黔水陆交通的咽喉之地。1935 年中国工农红军第一方面军长征，在此第三次渡赤水河，向川南挺进。在苍翠茂盛的两岸，可以看到红军烈士陵园和红军渡河纪念碑，感受到当年无数英烈的万丈豪情。

春城花飞：昆明

在神秘莫测的云贵高原上，有着这么一座城。它虽然处于高原，却四季如春，让人感受不到任何的寒意，它就是春城——昆明。

自从 1240 年前昆明建城以来，滇池夜月、螺峰叠翠的老昆明城，便在历史的长河中，留下只属于它自己的足迹。踩着这些足迹，昆明城，一步步成长，一步步发展，成了现在这样美丽的一座名城。

远在三万年前的旧石器时代，滇池地区——也就是现在的呈贡龙潭山一带——就有人类繁衍生息，是人类的发祥地之一。战国时期楚

人建滇王国，延续了300年之久，昆明称得上是较早的古都了。到了西汉，汉武开滇，把版图扩展到了云南，以滇池地区为中心，设置了益州郡，昆明为所辖二十四县中的谷昌县。蜀汉时期，诸葛亮率兵南征克益州郡并更名建宁郡，至隋改为昆州。唐宋时期，南诏大理国地方政权在此筑拓东城，设都鄯府，并辟为"东京""上都"（陪都）。

1275年，元朝设云南中书省，设中庆路，昆明县为中庆路首府，云南的统治中心由大理迁至昆明，昆明由此成为全省政治、经济、文化中心。明朝改中庆路为云南府，沿至清末。明清时期，清兵入关攻占北京，张献忠所领导的农民起义军余部退至昆明，推行一整套政治经济以及义化制度，左右全国局势达12年。南明时期，昆明成为桂工永历政权的"滇都"，它的历史重要性可见一斑。

明朝郑和七下西洋，代表了中国古代航海业的高度发达和明朝国力的强盛。众所周知的是郑和传奇的一生，而为众人所不知道的是郑和其实出身于昆明，说起来他是一个地地道道的昆明人。

郑和的传奇一生，与他的人生经历息息相关。追溯到他的祖先，他生长在中亚的十世祖在北宋神宗熙宁三年（1070年），率5000多人和5000多匹驼马来中国朝贡，并申请归诚，神宗封他为宁彝侯。接着五世祖赛典赤赡思丁在忽必烈时代被封为咸阳王，驻镇滇南。从此之后，他们就成了云南的本地大姓望族。虽然变成了地道的中国人，但他们的信仰却还是伊斯兰教，郑和的祖父和父亲都曾去遥远的圣地朝拜过。幼小的郑和常常从父亲的口中听说朝圣麦加途中的种种见闻。无论是翻山越岭的冒险还是异域风情的吸引力，都对小郑和产生了无比重要的影响。仿佛这样的冒险精神也是能够遗传的，小郑和从小就

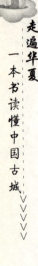
立下了将来想要远航西洋，朝圣麦加的志向。他不仅学习划船、使帆、游泳，还潜心研读航海方面的史籍，这对他成为航海家裨益良多。

当永乐皇帝在1402年想到要遣使出洋的时候，首先想到的就是具有拔群才能的郑和，他是自己身边的亲信，家世又有世界主义色彩，信仰伊斯兰教和佛教，能和东南亚人民沟通；他杰出的军事才能，完全能应付航海途中的军事麻烦；他虽然是太监之身，却无太监之形，仪表堂堂，令人一见肃然起敬，无论外在还是内在，他都太符合下西洋的要求了。

郑和就这样得到了这个使他名垂史册的机会，他在外交和航海能力上都十分出色，于是永乐帝一共让他七下西洋，影响深远。

由于郑和下西洋的艰险性和成功程度都是常人难以做到的，所以明朝人就以佛教的"佛、法、僧""三宝"来尊称郑和。"三宝太监七下西洋"的故事世代流传，后人的著作中都对他冠以"三宝太监"之名，于是这也就成了他专有的代名词。

昆明是一座常年繁花盛开的城市，俗话说"春城无处不飞花"，就这么简简单单的七个字写尽了流光溢彩的美景。有时候，脑内的景象反而比亲眼看到的更具美丽，但在昆明，绝不是这样的。无论是自然风光、古迹还是民族风情，眼睛里看到的都是无法用语言描述的惊喜。

无论是浩渺滇池、阿庐古洞、通海秀山、安宁温泉、星云湖这样的自然生成，还是禄丰古生物化石遗址、禄劝彝文摩岩石刻这种历史古迹，都让这座城带上了令人感动的味道，至于当地各种少数民族特色鲜明的民族节日，又在昆明绚丽多姿的风情画布上平添一笔亮色。走在这里，一种由心底生出的感动和珍惜会越来越膨胀。

至于云南石林，显然早就闻名天下。素有"天下第一奇观"之称的石林在明代就已经成名了，无怪乎现在依然游人如织。石林主要是由喀斯特地貌构成的。喀斯特地貌是由于地表的可溶性岩石遇水溶解，最后形成的各种千奇百怪的地貌的总称。全国有喀斯特地貌的地方很多，但其中发育得最好最美的，当属昆明的石林。景区由大小石林、乃古石林、大叠水、长湖、月湖、芝云洞、奇风洞7个风景片区组成。石林是大自然鬼斧神工的杰作。在路南四百余平方千米的区域内，巨石成群，多达上百个。有的独立成景，有的纵横交错，连成一片，相当迷人。

石林的形成，真正称得上沧海桑田。数亿年前海中的石灰岩被海水不断冲刷留下了无数的溶沟和溶柱，后来经过不可计数的时间，这里的地壳不断上升，才逐渐变为陆地。在海水退去后，大自然又磨砺了它无数年，最后才形成了这样壮丽而独特的景观。

进入景区内，但见石柱、石壁、石峰千姿百态，名人墨客的笔迹都在一座山上被刻得清清楚楚，可见古今曾有多少人被它的独特魅力所迷惑。那些看似是死的石头，在人们的眼里都被赋予了灵性和生命。最有名的大概就是阿诗玛和望夫石，美好的传说加上令人叹为观止的、栩栩如生的模仿，无论是动物、植物还是别的什么，都非常形象。据说有一处"钟石"，能敲出许多种不同的音调哩！这就让人不得不佩服大自然的鬼斧神工了。从距石林6千米的"石航"乘直升机鸟瞰，又别有一番情趣。

每年农历六月二十四日是火把节，石林四周的彝、汉等各族群众都要从四面八方会集到石林欢庆佳节。阿细跳月、大三弦舞则是最受

欢迎的传统节目。神奇的自然景观和优美的人文景观相结合，更使石林锦上添花，魅力倍增。

南诏古国：大理

大理地区是云南最早的文化发祥地之一，据考古发掘，新石器时代遗址广泛分布在以洱海为中心的高原湖泊群周围。白族、彝族等少数民族的先民在这块美丽、富饶的土地上种植水稻，驯养家畜，从事采集、渔猎，创造了大理地区的远古文明。

从 902 年到 937 年南诏灭亡后的三十多年间，大理地区出现了三个短命王朝。大理国的开国国君段思平建立政权后，实行新政，改革旧治，推行礼治，便取国号为"大理"，意思是大治。在漫长的历史岁月中，大理曾有着显赫的地位和作用。

大理历史悠久，文物古迹众多，在大理古城及周围分布甚广，它们以古城为中心，沿苍山之麓、洱海之滨呈线状分布。

大理最著名的四大景观：下关风、上关花、苍山雪、洱海月。

下关是一个山口，是苍山洱海之间主要的风源。但这里风期很长，风力又相当强，非常罕见。一年之中，下关的大风日数在一个月以上，冬春为风季，夏秋稍小。下关风的成因是其特殊的地势形成的，下关位于苍山和哀牢山之间山谷的出口，连绵百里的苍山挡住了大气环流，西风气流和季风就都在各自的季节通过这山谷进入下关，形成了苍洱之间强劲的风。在这里因为山势，产生了一些独有而奇特的自然现象。迎风前行时，路人的帽子从头上掉落，一定会掉到身前——不了解地理状况的人，一定会大为惊奇吧？传说一只白狐为救情人，向观音菩萨求救。菩萨给了她六瓶风，叮嘱她途中不能说话。但救人心切的白狐赶路时被绊了一跤，"哎哟"一声，六瓶风一下子跑了五瓶。从此，下关便大风不止。

上关则是一片繁花似锦的草原，因而人称"上关花"。大理的气候终年温和湿润，极宜花木的生长，至于上关花名称的得来，是由于古时上关有一棵叫"朝株花"的奇花，花大如莲，开 12 瓣，闰年 13 瓣，香闻十里，果实可作朝珠。当时徐霞客也曾慕名前来观赏，可惜只见树而未得见花。当然这花也少不了一个传说：一位善良的妇女难产时幸运地有一位仙翁赐朝珠含在口中，但一时不慎朝珠落地，便长出这棵奇异的花树。可惜的是，花树长成后经常招来贪官污吏的骚扰，苦不堪言的百姓终于忍痛将花树砍去。从此这棵神秘的上关花便越来越令人神往，成了大理地区珍奇花卉的代称。但其实，大理"家家流水，户户养花"，虽不像这棵传说中的花一般珍奇，但花卉品种奇多，仅仅茶花一类就多达四十多个品种，更不用提其他种类繁多的鲜花了。实际上据考证，上关花就是木莲花，这种花在大理境内到处都可以见到。

经夏不消的苍山雪，是"风花雪月"之最。雄伟壮丽的苍山横亘大

理境内，苍山十九峰每座海拔都在 3500 米以上，最高的马龙峰达 4122 米。由于海拔较高，峰顶的温度低，于是终年白雪皑皑，阳光一照，晶莹洁白，蔚为壮观。这就是迷人的"苍山雪"。传说有一年苍山脚下瘟疫流行，有两兄妹用学到的法术把瘟神赶到山顶上，埋在雪里冻死了。为了使瘟神不得复生，妹妹变成了雪人峰的雪神，永镇苍山。

至于"洱海月"是白族人民口中的"金月亮"，表现了人们对美好生活的追求。传说月宫里的公主思慕人间，来到洱海边与渔民成婚。为了帮助渔民多打鱼，她将自己的宝镜放在海中，将鱼群照得清清楚楚。渔民打鱼多了，过上了丰衣足食的日子。公主的宝镜在海中变成了金月亮，世世代代放射着光芒。每到晴朗的月夜，水色如天，月光似水，"洱海月"由此而来。洱海周围的新石器时期遗址充分表明了这里的历史，它可以称得上是白族的摇篮。

"上关花，下关风，下关风吹上关花；苍山雪，洱海月，洱海月照苍山雪。"古代流传下来的民谣形象地反映出了"风花雪月"的美好。虽然简单，可是这两句勾勒出来的美好画面在每个人的心里，想必都有自己向往的模样。

风花雪月的传说带有强烈的浪漫主义色彩，充满了人民对美好生活的渴望，大理就是这么一个你明知那都是故事，却逼自己以为那是现实的美丽地方。

蝴蝶泉也是大理一景。"泉上大树，当 4 月初即发花如蛱蝶，须翅栩然，与生蝶无异。还有真蝶千万，连须钩足，自树颠倒悬而下及于泉面，缤纷络绎，五色焕然。"这是徐霞客对于蝴蝶泉的描写。蝴蝶泉位于苍山脚下、洱海之滨，是闻名遐迩的胜地。

在大理城北的苍山云弄峰下就是这奇妙的蝴蝶泉的所在。走过古朴的石坊，迎面就是一块高约 3 米的大理石碑，正面右侧有郭沫若手书"蝴蝶泉"三个大字，左侧刻着郭老咏蝴蝶泉诗的手迹，背面则是徐霞客游蝴蝶泉的一段日记。古今文人都对蝴蝶泉情有独钟，可见它的魅力之大。穿过林荫道，就能看见绿树遮天，中间一汪明澈的泉水。经常有人将硬币丢在池子里，于是青石底上银光闪烁，衬得泉水更加清冽了。

泉池周围有大理石栏板，泉边一株高大古树横跨泉上，这棵树开的花形状就像蝴蝶，所以人们称它为"蝴蝶树"。每当夏季来临，"蝴蝶树"开花，苍洱之间的蝴蝶就会成群结队飞到这里，翻飞起舞，热闹非常。也许许多的蝴蝶同时出现并不十分稀奇，但奇的就是，这无数彩蝶交尾相衔，倒挂在这棵古老的蝴蝶树上，形成无数蝶串，垂至水面，色彩缤纷。蝴蝶"开会"的最盛之期在农历四月十五日前后，所以农历四月十五日被定为"蝴蝶会"。

考古发掘得知，在以洱海为中心的高原湖泊群周围，广泛地分布着新石器时代的遗址。白族、彝族等少数民族的先民在这块美丽富饶的土地上从事生产，创造了大理地区的远古文明。

大理不仅历史悠久，在古代还曾经有着显赫的地位。在秦汉之际，大理便是蜀地通往身毒（印度）的必经之地，这条通道对促进大理地区和内地的联系，乃至进一步促进中国和东南亚诸国友好往来和经济文化交流起着重要的作用。在唐宋五百多年间，换句话说，就是从 738 年南诏国建立至 1253 年大理国覆灭，大理一直是云南的政治、经济、文化中心。

环境优美、生意盎然的大理古城，居然是明代修建并完整保留至今的。难怪它看来天然地古朴着，又带着与生俱来的雅致。而唐宋元明清这么多历史时代，在大理留下了许许多多文物古迹，崇圣寺三塔、南诏德化碑、元世祖平云南碑、苍山神祠、佛图寺塔、喜洲白族民居建筑群……记载了大理的历史，表现的更是古老的文明，大理古城于是变成了当地历史文化的主要载体。

大理的全称，是大理白族自治州。从名字就能知道，这是一个以白族为主的多民族地区，除了白族之外，境内还居住有彝、回、傈僳、苗、汉等民族。各个民族都有自己独特的风俗民情，而白族人民的服饰、住居、婚嫁、信仰、习俗以及庆典节日，都充斥着独特的民族情趣。这些浓郁的民族风情，增添了古城的历史文化气氛，更增添了大理历史文化名城的迷人色彩。

热烈而盛大的白族婚礼，意味无穷的取乳名和抢名习俗，以物换物的古朴交易，简朴的回族葬礼……组成了特有的民族风俗"大观园"，大理的文化，杂糅了中原文化、藏传文化、东南亚文化及当地民族文化，形成了我国西南少数民族地区灿烂的古代文化，更是中华文化链中一个重要组成部分。

纳西文化宝库：丽江

在云南省西北高原的万山丛中，闪烁着一颗璀璨的明珠——这就是名闻遐迩的丽江古城。它集中了纳西文化的精华，并完整地保留了自宋元以来形成的历史风貌。丽江古城被国务院定为国家级历史文化名城，并被联合国教科文组织列为世界文化遗产。

坐落在丽江坝子中央的狮子山下的丽江古城，是我国历史文化名城中唯一没有城墙的古城。据说，由于丽江世袭统治者姓木，筑上城墙，就是在"木"字之外加方框，成为"困"字，土司担心筑城后造成困境，不敢筑城。

元朝至元二十二年（1285年），丽江军民宣抚司长房阿良胡发动百姓将象山脚下黑龙潭的玉泉水引入城中，在后来的三任土司93年的统治中，又挖通一条西河，在城内开辟了中心集市贸易区。到元末，古城大致格局基本形成，再经明代土司和清代流官对河道的疏浚，形成了今天所见的古城格局。

古城选址充分利用了地理环境和玉泉水源，它北靠象山、景虹山，

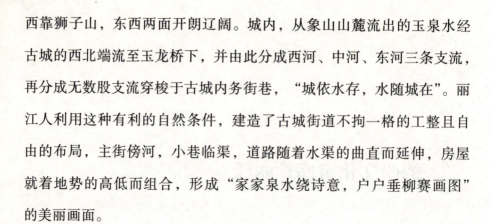

西靠狮子山，东西两面开朗辽阔。城内，从象山山麓流出的玉泉水经古城的西北端流至玉龙桥下，并由此分成西河、中河、东河三条支流，再分成无数股支流穿梭于古城内务街巷，"城依水存，水随城在"。丽江人利用这种有利的自然条件，建造了古城街道不拘一格的工整且自由的布局，主街傍河，小巷临渠，道路随着水渠的曲直而延伸，房屋就着地势的高低而组合，形成"家家泉水绕诗意，户户垂柳赛画图"的美丽画面。

丽江古城的布局与中原汉族城市有较大的不同。城内分为东、南、北三个大的区域。城东为清朝"改土归流"后中央政府派驻的流官府衙所在地，现存有文明坊、文庙、武庙，城南设有土司署，是"改土归流"前木氏土司办公之所，周围建有宫室和苑囿。城北临街均设有商业区及普通民户生活区，也是滇西北地区的集贸和商业中心。

不规则的道路系统，是丽江古城的又一大特色。街道依山傍水，不求平直，随势自然。以四方街为中心，四条干道呈经络状向四周辐射延伸，将商业与交通连成一体。城内街巷密如蛛网，主街道两侧有数十条互相畅通小巷，即使在拥挤的闹市，也可通过这些僻静的巷道通行无阻。大小路面多铺以丽江特产彩色石板。与一般的石板路不同，这种石板材料全采自丽江坝周围山中，磨光的石面上有五颜六色的图案。青石板路面雨天不泥泞，晴天不留尘，便于清扫冲洗。此外，丽江地处古代通往西藏地区的茶马古道上，频繁的马帮过往，需要结实的路面，那些磨得平滑光亮的路面，就是百年来马蹄践踏的结果。

水网之上，是造型各异的各色小桥，据统计，丽江城里的石桥、木桥多达三百五十多座。初到这里，看到小桥流水的景象，仿佛置身于江南，准会忘记这里原来是位于滇北高原的小城丽江。

丽江民居是中国民居中具有鲜明特色和风格的类型之一。长期以来，纳西族人民形成了崇尚自然、崇尚文化、善于学习和吸取其他民族的先进文化的优良传统。这一传统特别对民居建筑艺术产生了极大影响，其民居特色鲜明、构筑因地制宜、造型朴实生动、装饰精美雅致。

在狮子山极目下望，古城民居鳞次栉比的灰色瓦房错落有致，在蓝天的映衬下显出无限的诗情画意。古城中有大片保持明清建筑特色的民居建筑，多为土木结构的"三坊一照壁，四合五天井，走马转角楼"式的瓦屋楼房，既讲究结构布局，又追求雕绘装饰，外拙内秀，玲珑精巧，被中外建筑学家誉为"民居博物馆"。

世外桃源：拉萨

拉萨是西藏自治区的首府，是世界上最具特色、最富魅力的城市之一。这不仅因为它海拔 3650 米的高度令初来者感到晕眩，还因为它一千三百多年的历史留下的文化遗迹以及宗教氛围所带给人们的震撼。

拉萨不仅仅是西藏政治、经济、文化中心，它更是朝圣者及旅游者心目中的圣地。人们对充足的阳光总是贪婪无比，时间与空间的意向在高原上总有被改变的嫌疑。拉萨这个城市，无论怎样变迁，它却依然有着让你停留的理由。倘若厌倦现代化建筑在这座城市中的崛起，那么甜茶馆中的阳光与八廓老城区闲散的漫步，就会让你不再去计较那些本无大碍的事情。

拉萨是整个藏文化的浓缩之地，只要留意就会发现，这里聚集弥留着自松赞干布迁都于此后时间轮上刻下的每一道印记。藏人心目中的神圣宫殿与佛学寺庙云集此地，自然成为游人的必去之地。

大约公元1世纪前后，高原上还是大大小小的部落之间的战场，之后合并为几个大联盟，其中雅隆部落联盟和苏毗部落联盟的势力最为强大。雅隆部落首领朗日松赞率兵北上，成为整个吉曲（拉萨）河流域的主宰。纷争仍在继续，朗日松赞的儿子松赞干布即位于危难之秋，开始南征北战，打造出一个统一而强大的吐蕃王朝。

当时的拉萨名为吉雪沃塘，意为"吉曲（拉萨）河下游的肥沃坝子"。当时的吉雪沃塘荒无人烟，飞鸟与走兽是这片荒原的统治者。传说这位少年王子征战路过吉雪沃塘时，时值盛夏，日丽风和，他解下战袍，游在吉曲河的清波碧浪之中，只见周围群山四合，秀水中流，地势宽坦，雄伟壮观，更有红山、铁山等山突起，如雄狮跃空，确实是开创大业的战略要地。而这位未来的伟大君主，胸中澎湃着的豪气正与这山峦间所蕴含的帝王之气相契合。同时这里地处雪域中枢，交通方便，物产丰富，是片肥沃的土地。于是迁都这里是颗埋藏在他心中的种子，而后来这个夙愿也开花结果了。

松赞干布率众修筑堤坝，堵塞北面河道，使河水傍着山南宣泄，红山周围显露出一大片平野。之后松赞干布迎娶了尼泊尔尺尊公主，并用羊驼土建造了大昭寺以供奉尺尊公主带来的释迦摩尼八岁等身像。而拉萨的古称"惹萨"也与此有关，藏语中"山羊"称"惹"，"土"称"萨"。

宏伟的大昭寺建成后，佛教便传入了雪域西藏，传教僧人和前来朝佛的人增多，围绕大昭寺周围便先后建起了许多房屋和街道，著名的八廓街原街道只是单一围绕大昭寺的转经道，藏族人称为"圣路"。这些便形成了以大昭寺为中心的城区雏形，于是这里成了高原上的第一座城市。

之后松赞干布又迎娶了唐朝的文成公主，并修建小昭寺供奉其带来的释迦摩尼十二岁等身像。

后来第二位嫁到西藏的公主金城公主将小昭寺的释迦摩尼十二岁等身像移供大昭寺主神殿，这尊佛像成为整个雪域藏人信仰的中心，朝拜供奉者络绎不绝。因为这尊至神至圣的佛像，"惹萨"又改名为"拉萨"，意为"圣地"或"佛地"。拉萨在长时期内一直都是西藏的政治、经济、文化的中心。

松赞干布为迎娶文成公主，在玛布日山上修建了宫殿。因为松赞干布把观世音菩萨世间自在佛作为自己的本尊佛，所以就用佛经中菩萨的住地"布达拉"来给宫殿命名，称作"布达拉宫"。布达拉宫作为王宫，施政全国的号令便从这里发出。

其后布达拉宫遭遇雷火烧毁了一部分，后来在吐蕃王朝灭亡时，宫殿也几乎全部被战火摧毁。五世达赖喇嘛建立政权后，对宫殿进行了修整并基本形成了今日的规模，自五世达赖从那时入住起，布达拉

宫成了历史上达赖喇嘛的住息地，重大的宗教和政治仪式也都在这里举行，布达拉宫由此成为西藏政教合一的统治中心。

1951 年 5 月中国人民解放军和平接管拉萨，1960 年正式设立拉萨市。

拉萨是佛教圣地，如果只有大昭寺和小昭寺也算够了，但说出来还缺点底气，且多少会让人有些不服气。丰富多彩的佛教文化需要更多的内容，即使其他寺庙只是拱月的星星也不可或缺，况且又是如此有历史和文化底蕴的拉萨"三大寺"。

哲蚌寺是藏传佛教格鲁派六大寺庙之一，更是世界上最大的寺庙，最盛时有僧众近万人。原名为"白登哲蚌寺"，后简称"哲蚌寺"。在藏语里"白登"意为祥瑞庄严，"哲蚌"意为堆积大米。

甘丹寺是藏传佛教格鲁派六大寺中地位最特殊的一座寺庙，它是由藏传佛教格鲁派的创始人宗喀巴于 1409 年亲自筹建的，可以说是格鲁教派的祖寺，寺院全称"甘丹朗杰林"，甘丹是藏语音译，其意为"兜率天"，这是未来佛弥勒所教化的世界。历世格鲁派教主甘丹赤巴即居于此寺。

色拉寺是藏传佛教格鲁派六大主寺之一，是三大寺中建成最晚的一座。"色拉"在藏语里是野玫瑰的意思。传说山下修寺时这里长满了野玫瑰，色拉寺因此得名。寺内的辩经活动非常有特色因而最为著名。

拉萨是座接近天空的城市，它和其他城市隔得远，它所具备的气质也是清新而特别。因为太远了，现代的文明对它的影响相对来说较小，而淳朴和独特的风土人情在高原地势的保护下得以完整。

后藏中心：日喀则

日喀则，西藏第二大城市，距拉萨约 300 千米，藏语将其称为"昔喀孜"，又称"昔卡桑珠孜"，意为"土质最好的庄园"。日喀则是一个古老的城镇，历史距今已逾 500 年。日喀则是历史上后藏的政治、宗教、文化中心，也是历代班禅的驻锡之地，享有盛名的扎什伦布寺、萨迦寺、白居寺、夏鲁寺等众多寺庙，构成了众多教派浓郁的宗教文化。雅鲁藏布江及其支流年楚河在这里汇流，海拔 3836 米。

古老的日喀则历史悠久、文化发达，著名的江孜白居寺、萨迦寺、平措林寺、觉囊寺和帕拉庄园，以及面积达 3 万多平方千米的珠穆朗玛自然保护区均分散在它的周围。一年一度的扎什伦布寺展佛节、跳神节，夏鲁寺的西姆钦波节和藏戏演出，均以其独特的风格享誉于世。

扎什伦布寺则是日喀则的象征，寺院依山而筑，壮观雄伟，可与布达拉宫媲美；江孜的白居寺拥有众多佛塔，被誉为"西藏塔王"，寺内的壁画总观结构连贯，局部看自成一体，十分和谐。白居寺和西藏的文化宝库萨迦寺都是西藏的宗教中心，在这里还有为人们所敬仰的

宗山遗址。

日喀则的农民，一年要过四次年：公历的元旦、农历的春节、西藏的藏历年和后藏的藏历年。生活在年楚河谷的农民，最看重的还是后藏的藏历年，过得最为隆重热闹。

后藏地区素有"歌舞之乡"的美誉，民间舞蹈以热烈欢快的"堆谐"最为常见，还有场面宏大的"果谐"，各地都有极具特色的民间舞蹈。民歌有情歌、牧歌、酒歌、祝福歌等多种形式，在劳动和生活中男女老少随编随唱，自娱自乐。

日喀则以其古老的文化、雄伟的寺庙建筑、壮丽的自然景观、优越的地理位置，成为西藏最有吸引力的旅游胜地之一。

第九章
中国地理概况与地域文化

地理环境对中国文化的影响

中国幅员辽阔，地形复杂，东临世界上最大的海洋太平洋，西南耸立着世界屋脊青藏高原。高低悬殊的地势以及东亚大气环流系统的共同作用下，形成了中国特有的复杂而多样的气候。季风影响显著，范围广阔。

疆域辽阔完整，造就了凝聚意识与稳定绵延的文化形态。

中华民族栖息在北半球的东亚大陆，太平洋西岸。作为欧亚大陆的一部分，中国地理面积差不多与整个欧洲一样大，广大的疆域，纵深的腹地，为中华文化的滋生繁衍提供了广阔的天地。中国疆域完整，黄河、长江两流域毗连，没有明显的天然屏障可以阻隔，其势宜合而不宜分，因此在政治、经济、文化以及军事上都较海洋诸岛易于统一。在数千年的人类文明进程中，中国不曾中断的、具有连续性的文化，在很大程度上不能不归功于中国拥有的完整而广阔的地理环境。世界古代文明中，古埃及和巴比伦文明是被毁灭了，其中原因很多，有一点应当是与其地理条件有关，在两河流域和尼罗河流域的周围的大片沙漠使人类能够生存的地方变得稀少。

历史上，纵使游牧民族南侵，中国仍有地域作为退路供回旋。虽然分裂与统一是中国历史的两大现象，但统一总是占主导倾向的追求。天下一家的大一统意识，对中华民族的不断发展壮大有重要作用。历代的皇帝无不以边远的四裔民族"来朝"为荣耀，即使在内忧外患的危急存亡关头，中国文化的独特风格与完整系统也未曾分裂和瓦解。同时，中国传统文化在对周边外来文化进行潜移默化中始终保持着自己完整的风格和日趋完善的系统，绵延不绝。

外部封闭隔绝，形成了封闭内敛的大陆型文化。

从地理环境看，三面陆地，一面临海，北面多沙漠，西面从北到南由帕米尔高原和青藏高原把中国和西亚隔开，东面和南面是大海，形成一种与外部世界半隔绝的状态，也造成了中国文化独立发展、自成体系。大陆型文化所面对的外在环境比较稳定，故较安土重迁、保守，不要求创意创新及想象力，从而形成自我封闭、向心凝聚和独立自足、稳定绵延的文化形态。如先民曾以中原为天下，对域外知之甚少，加之周边国家文化在历史上又落后于中国，易于产生"中华帝国，无求于人"的自我陶醉、自我封闭观念。

多样的地形气候，促成多元格局的文化形态。

中国地形东西有别，有青藏高原、中部山地和东部平原状三大阶梯；气候南北有异，纵贯热带、亚热带、温带、亚寒带，又有寒温带，人们生产生活的方式有很大不同。中华文化依托于黄河流域和长江流域两个气候、土壤等地理格局颇相差异的大区段，当黄河流域因战乱频仍、士人南迁以及垦伐过度、气候转向干冷等缘故而导致衰落之际，

长江流域后来居上，以巨大的经济潜力成为粮食、衣被、财赋的主要供应区，发挥了重要的文化补偿作用。至于岭南的珠江流域、闽南的滨海地带、云贵高原、台湾、海南岛等，更增添了这一回旋区间的丰富性和广阔性。气候类型完备、地形、地貌、流域繁复，是中国文化多样化发展的地理基础。

 # 中国古代行政区划沿革

行政区划是国家行政管理的区域性组织系统，是将地理和人口面貌政治化的一种措施，这在中国已有悠久的历史。相传黄帝时代已"画野分州"，至尧时分为"十二州"，《尚书·禹贡》则分为九州：冀、豫、青、徐、荆、扬、兖、雍、梁，而《周礼·职方》的冀、豫、青、荆、扬、兖、雍、幽、并之说，也有《尔雅·释地》的冀、豫、荆、扬、兖、雍、幽、并、营之说，但大多属于依据山川地势的自然分界。而成书于战国时代的《吕氏春秋》则说："河汉之间为豫州，周也；两河之间为冀州，晋也；河济之间为兖州，卫也；东方为青州，齐也；泗上为徐州，鲁也；东南为扬州，越也；南方为荆州，楚也；

西方为雍州，秦也；北方为幽州，燕也。"这里把自然区划与诸侯国的疆域形势结合起来，成为全国的政治形势图。先秦以前的诸侯国虽然已有郡或县的设置，但中国的行政区划还没有形成一个完整的体系。

从秦汉到隋代，大体实行"郡县制"。秦始皇统一中国以后，将天下分为三十六郡，其中主要有陇西、颍川、南阳、邯郸、巨鹿、渔阳、右北平、辽西、辽东、河东、上党、太原、代郡、雁门、云中、琅琊、汉中、巴郡、蜀郡、长沙等，郡下设县，以郡统县。后来随着秦王朝版图的扩大，又增添了南海、桂林、象郡、闽中、九原等郡，全国所设县约有一千余个，中国古代的区域行政管理由此初成体系。汉袭秦制，但郡国并存。所谓"国"，就是诸侯王的封地，大小不一。由于诸侯国阻碍中央政令的执行，汉景帝以后采取"削藩"政策，逐步削弱诸侯王的封地和势力。汉武帝为了进一步加强中央集权，于元封五年（前106年）将全国的郡国分为十三刺史部（也称十三州），即凉州、并州、冀州、幽州、兖州、青州、徐州、豫州、益州、荆州、扬州、交州、朔方。这十三刺史部州属于监察性质，还不是行政区域，但却是中国行政区划史上设"州"的开端。到了东汉末年，部州最终居于郡县之上，成为州、郡、县三级政区。魏晋南北朝时期，基本上也是州、郡、县三级，但因南北对峙，政权割据，使州的设置范围越来越小，一部分州郡有名无实。隋朝建立以后，又逐步改成了郡（州）县二级制。

从唐宋到辽金，主要实行"道路制"。唐贞观元年（627年），唐朝政府根据山川的自然形势，把全国划分为关内、陇右、河东、河北、河南、山南、剑南、淮南、江南、岭南十道。"道路制"最初并不是

一种行政区划，后来便于十道设立巡察使，具备了监察性质，相当于西汉时的部州。开元二十一年（733年），由十道增为十五道，每道设采访处置使，有固定治所。从此，"道"成为州的上一级政区，形成道、州、县三级制。此外，唐代还把一些地位特殊的州改为"府"，在其他一些比较重要的地方设"都督府"，在边疆地带置"都护府"，这样，唐代又确立了府制。北宋初年把全国分为十三道，不久即改道为"路"。宋太宗时分为京东、京西、河北、河东、淮西、淮南、江南、湖北、湖南、两浙、福建、西川、陕西、广东、广西十五路，后来又增至十八路、二十三路等。但宋朝的路制与唐代的道制并不一样，一个路常常分属几个机构管辖，既有监察的性质，又有行政的功能。路以下为府、州、军、监和县。府、州的作用和性质与唐代相同，类似秦汉以来的郡。"军"则是有军队戍守的政区，"监"是管理矿产、畜牧的政区。军、监有的与府、州同级，隶属于路；有的与县同级，隶属于府、州。

元、明、清三代基本实行"行省制"。元代初年，以中书省为中央政府，直辖京师附近地区，如山西、河北等地，然后将其他地区分成10个行中书省，即岭北、辽阳、河南、陕西、四川、甘肃、云南、江浙、江西、湖广，简称为"行省"。行省之下，设道、路、州（府）、县。明朝建立以后，对行省进行了重大改革，不称"行中书省"，而称"承宣布政使司"，又将元代的军政合一，改为只管民政。因布政使司总理一地的行政事务，人们仍在习惯上称"行省"或"省"。全国除京师（北京）和南京为直辖地外，尚有山东、山西、河南、陕西、四川、湖广、浙江、江西、福建、广东、广西、云南、贵州13个布政使司

（省），下设府和州、县。

清朝刚建立，最初也称布政使司，随后又改为省，经过部分调整，省的名称跟今天已基本一样了。

辛亥革命以后，大体上实行省、专、县三级体制。北洋军阀时期，除清代原有的 23 个省外，又设立了热河、察哈尔、绥远、川边 4 个特别区，另外还辖有青海、西藏和外蒙古 3 个地方。到中华民国时期，全国已有 29 个省和西藏、蒙古两个地方，设上海、南京、北平、天津、青岛、西安为直辖市。1932 年以后，陆续在省以下设立若干专区，由行政督察专员领导，其机构称为专员公署，作为省政府的派出机关，管理若干县，其基本体制跟今天也差不多了。

 现行省、市、自治区名称的由来

从中华人民共和国成立到现在，全国行政区划也有过不少变化。到目前为止，我国拥有 23 个省、4 个直辖市、5 个自治区和 2 个特别行政区，共 34 个省级行政单位。它们是：北京市、上海市、天津市、重庆市；河北省、山西省、辽宁省、吉林省、黑龙江省、江苏省、浙

江省、安徽省、江西省、福建省、山东省、河南省、湖北省、湖南省、广东省、海南省、四川省、云南省、贵州省、陕西省、甘肃省、青海省、台湾省；内蒙古自治区、广西壮族自治区、西藏自治区、宁夏回族自治区、新疆维吾尔自治区和香港特别行政区、澳门特别行政区。

北京，简称"京"，古称"蓟"，西周初年燕国建都于此，故称"燕京"。战国时为燕国上都。秦始皇统一中国后，置为广阳郡。汉代属燕王、广阳王封地。魏晋南北朝时期，一度为鲜卑慕容氏前燕国的统治中心。隋改为"幽州"，唐代已成北方军事重镇，范阳节度使的治所即在此。936年，契丹族建立的辽国以此为陪都，称"析津府"，随后女真族的金国迁都于此，称为"中都"。元朝灭金，以此为都城，号曰"大都"。朱元璋攻灭元朝，建都于南京，改元大都为"北平府"，封其子朱棣为燕王。1403年，朱棣称帝，改称"北京"，不久迁都于此。北京之名从此始，至今已六百多年。其后，清兵入关，以此为都。民国时期一度复称"北平"。中华人民共和国成立后，北平成为新中国的首都，改称"北京"，为中央政府直辖市。

天津，简称"津"，原处海中，至隋以后才露出水面，逐渐成为南北交通必经之地。宋时称"直沽寨"，元代已成港口，往来船只不断，人口结集成镇，名"海津镇"，即通往海中之渡口也。据传，明代初年，燕王朱棣起兵往南京夺位，率军由此出兵南下，因天子渡津于此，赐名"天津"。清初，天津已成为保卫京师的军事重镇。清末，袁世凯任直隶总督兼北洋大臣，以此为政治中心。国民党统治期间，天津为直辖市。新中国成立后，初属河北省，后改为直辖市。

上海，地近海边，兴盛捕鱼，渔民使用一种名叫"扈"的渔具，

"扈"又称"沪",故上海简称"沪"。春秋时期属吴,战国时为楚国春申君黄歇的封地,故又称"申"。"上海"之名始于宋,因当时海船往来,人口密集,于一个名为"上海浦"的地方设市交易,遂有"上海"之称。南宋时在此设立"市舶提举司"以管理来往船只。元至元二十八年(1291年)正式设县,明建城垣以防倭寇,清代设立江海关、兵备道,以加强贸易管理和军务防备。"鸦片战争"后,被辟为通商口岸,沦为西方侵略者的乐园。国民党时期已划为直辖市,现仍为直辖市。

重庆,位于四川盆地东南部,长江和嘉陵江蜿蜒其间,故称江州,周初为巴国,因隋、唐、宋时三次为渝州治所,故简称"渝"。"重庆"之名,其说有二:一说北宋时重庆为恭州,南宋光宗继位前,于孝宗淳熙十六年(1189年)被封于此,是年又受禅即帝位,于是取双重庆贺之意,改恭州为"重庆府";一说因重庆位于绍庆和顺庆之间,合双庆而为府名。1939年重庆被国民党政府划为直辖市,新中国建立初仍为直辖市,后划归四川省。1997年设置重庆直辖市。

河北,即在太行山以东、黄河以北,古属燕、赵之地,其作为行政区划的名称始于唐代设立的"河北道",五代沿袭不变。宋以后曾分为河北东路、河北西路。元置行中书省,明直属京师,清改称直隶省。1928年,国民党政府改为河北省,新中国成立后仍称之,省会初设天津市,后迁保定市,又迁石家庄市。以其地在《禹贡》中属"冀州",简称"冀"。

山西,即在太行山以西,古称"唐",春秋属晋,战国时分为韩、赵、魏,故称"三晋",唐代以长安为都,称黄河以东、太行山以西为

河东，设河东道，京剧《下河东》即指此。元代以今北京为都城，称太行山以西为山西，设河东山西道宣抚司，属中书省。明清为山西省，沿袭至今。现省会太原市，简称"晋"。

内蒙古自治区，位于我国北部，与蒙古、俄罗斯接壤。蒙古原为蒙古高原的部族名，唐代已见于文献记载。直到13世纪初，成吉思汗建立蒙古汗国，其后忽必烈南下灭金，建立元朝，称雄一时。明清以来，习惯上将蒙古分为内、外两部分。内蒙古则指大漠以南、长城以北，东起哲里木，西至河套广大地区。1947年5月成立内蒙古自治区，首府呼和浩特市，简称"蒙"。

辽宁，地处辽河流域，战国时属燕，为辽东郡，政治中心在今辽阳市。秦汉置辽东、辽西郡，其后也有称辽东为辽左者。元代设辽阳行省，明代直属京师。清初以其地为清王朝发祥之地，取"奉天承运"之意，改名奉天省。直至1929年，张学良主持东北军政，"易帜"服从国民党中央政府，才取辽河地域永久安宁之意，改称"辽宁"，沿用至今。现省会沈阳市，简称"辽"。

吉林，位于东北地区中部、松花江两岸。古为肃慎地，汉属夫余郡，唐为渤海国的一部分，辽、金为上京道或上京路，元属辽阳行省，明为女真族控制，清时在松花江沿岸建吉林乌拉城（今吉林省吉林市），简称吉林，驻吉林将军，清末定为吉林省至今。现省会长春市，简称"吉"。

黑龙江，地处我国东北隅，古为肃慎地，汉属夫余郡，辽、金所属与吉林同。"黑龙江"之名，首见于《辽史》，以其江水黑色、蜿蜒如龙称为"黑龙爱辉旧城（今属黑河市）。清末定为黑龙江省至今，现省会哈尔滨市，简称"黑"。

江苏，位处长江下游、黄海之滨，春秋战国时属吴、楚等国，秦属东海、会稽郡，汉属徐、扬二州，清初建为江南省，康熙六年（1667年）改设为江苏布政使司，两江总督驻江宁府（今南京市），巡抚驻苏州府（今苏州市），合两地之名为"江苏"，现省会南京市，简称"苏"。

浙江，位于东海之滨，因境内钱塘江古称浙江而得名。春秋时为越国地，战国属楚，秦时为会稽郡，汉属扬州，唐始设浙江东西两道，元属江浙行省，清置浙江省，现省会杭州市，简称"浙"。

安徽，位于华东西北部，地跨长江、淮河。境内天柱山古称皖山，西周时为皖伯地。春秋战国时分属吴、楚等国，秦置九江、泗水等郡，汉属扬州、豫州，直至清康熙六年始设安徽布政使司，以巡抚驻地安庆府（今安庆市）和徽州府（今歙县）两地首字为省名，现省会合肥市，简称"皖"。

福建，位于我国东南沿海，与台湾省隔海相望。春秋战国时分属越、楚等国，秦置闽中郡，汉属扬州，唐时取福州、建州（今建瓯）各一字设福建观察使，宋为福建路，元为福建行中书省，明清为福建省，现省会福州市，因境内有水量丰富的闽江，简称"闽"。

江西，地处长江中下游南岸，春秋战国时属楚，秦置九江郡，汉属扬州，唐设江南西道，简称江西道，始有"江西"之名。元设江西行中书省，明清为江西省，现省会为南昌市，因境内有赣江，简称"赣"。

山东，地处黄河下游，在黄海、渤海之滨。春秋战国时为齐、鲁

等国，秦置济北、胶东、琅琊等郡，汉属青、兖、徐州，金设山东东、西二路，辖区相当于今山东省及江苏淮北地区，山东始作为政区名，明改山东布政使司，清为山东省，现省会济南市，简称"鲁"。

河南，地处黄河中下游，自古属豫州，古九州之一，居九州之中，故称"中州"，为中国古代文化最活跃的地区。春秋战国时分别为宋、卫、郑、韩、魏、赵等国辖地。唐时划黄河以南、淮河以北为河南道，始有"河南"之名。明清为河南省。现省会郑州市，简称"豫"。

湖北，位于长江中游、洞庭湖之北，故称"湖北"。春秋战国时为楚国辖地，汉时属荆州，宋时设荆湖北路，简称湖北路，始有"湖北"之名。元属湖广行中书省，清初分湖广为湖北、湖南二省，现省会武汉市，因清时省会武昌古称"鄂州"，故简称"鄂"。

湖南，地处长江中游南岸，大部分在洞庭湖以南，故称"湖南"。春秋战国时为楚国辖地，秦置长沙郡，汉属荆州，唐设湖南观察使，始有"湖南"之名。宋为荆湖南路，简称湖南路。元属湖广行中书省，清分为湖北、湖南二省，现省会长沙市，境内有湘江南北贯通，简称"湘"。

广东，地处南岭以南、南海之滨，古为百越（粤）属地，秦置南海郡，汉时部分为南越国，唐属岭南道，因其地为广州地域，又在中原之南，至五代时与广西合称"广南"，北宋时置广南路，后分为广南东、西两路，简称广东、广西。明清为广东省，现省会广州市，简称"粤"。有时与广西合称"两广"。

广西壮族自治区，地处我国南疆，与越南为邻。春秋战国时为百越（粤）属地，秦置桂林郡，部分属象郡，唐设岭南西道，宋为广南

西路，简称广西路，元属湖广行省，清置广西省，1958 年 3 月设立广西壮族自治区，首府为南宁市，以古为桂林郡而简称"桂"。

海南，地处南海之中，北隔琼州海峡与广东省相望。汉初设珠崖、儋耳二郡，三国时始有"海南"之称，明设琼州府，清改琼崖道，1988 年 4 月经全国人民代表大会批准由广东省析置海南省，省会海口市，简称"琼"。

四川，地处我国西南地区、长江上游，春秋战国时期为巴、蜀等国辖地，秦置巴、蜀郡，唐设剑南西川、剑南东川两节度使，宋分设益州、梓州、利州、夔州四路，合称"川峡四路"，简称四川路。元置四川行省，明清为四川省。现省会成都市，简称"川"或"蜀"。

贵州，位于我国西南地区，战国时为楚黔中、夜郎等地，秦置黔中郡和象郡，汉属荆、益二州，唐设黔中道，元初始定"贵州"之名，明设贵州布政使司，清为贵州省。现省会贵阳市，简称"黔"。

云南，地处我国西南边陲，与缅甸、老挝、越南等国为邻。旧因其处云岭以南，故称"云南"。战国时为楚属滇国，唐为南诏国，宋为大理国，元置云南行中书省，明清为云南省，现省会昆明市，简称"滇"或"云"。

西藏自治区，地处西南边陲，与印度、尼泊尔、不丹、缅甸等国为邻。古为羌、戎地，唐宋时为吐蕃地，元设乌思藏、纳里速、古鲁孙等三路宣抚使司，隶属中央官政院，明设乌思藏行都指挥使司，乌思藏即卫藏，简称"藏"，因居祖国之西，故称"西藏"。清派驻藏大臣，统辖卫、藏、喀木、阿里四地，1965 年 9 月设立西藏自治区。首府拉萨市，简称"藏"。

陕西，位于黄河中游，西周初年以陕原（今河南陕县）为界分为东、西两地，周公主陕东，召公主陕西，故"陕西"之名久矣。春秋战国时为秦国辖地，秦为内史、汉中郡等，汉分属司隶、益州等，唐"安史之乱"后始设陕西节度使，宋置陕西路，元设陕西行中书省，明清为陕西省，现省会西安市，简称"秦"或"陕"。

甘肃，位于我国西北地区，西北一隅与蒙古国接界。古为雍、梁二州，春秋时属秦和西戎，秦为陇西郡，汉为凉州，西夏时于其境内甘州（今甘肃张掖市）、肃州（今甘肃酒泉市）置甘肃监军司，始见"甘肃"之名，元设甘肃行中书省，明隶属陕西省，清置甘肃省，现省会兰州市，简称"甘"或"陇"。

青海，位于我国西部，黄河、长江上游，因境内青海湖而得名。古为西戎地，汉为羌地，隋置西海、河源等郡，唐宋为吐蕃地，清代分属甘肃省西宁府、青海蒙古部和玉树土司等。1928 年建为青海省，现省会西宁市，简称"青"。

宁夏回族自治区，位于我国西北地区，黄河中游。秦属北地郡，汉为朔方，宋为西夏国，元置西夏行中书省，后取夏地安宁之意，改名"宁夏行省"，明清为宁夏府，1928 年置宁夏省。1958 年 10 月成立宁夏回族自治区，首府银川市，简称"宁"。

新疆维吾尔自治区，位于我国西北边疆，与蒙古、俄罗斯、哈萨克斯坦、吉尔吉斯斯坦、塔吉克斯坦、阿富汗、巴基斯坦、印度八国交界。汉时为西域都护府，唐设北庭和安西都护府，宋为西辽地，元为察合台汗国及哈喇火州，明为亦力把里部及吐鲁番部。清乾隆时设立伊犁将军，统辖天山南北两路，清政府以其为新辟疆域，故名"新

疆"。光绪十年（1884年）置新疆省，1955年10月，成立新疆维吾尔自治区，首府乌鲁木齐市，简称"新"。

台湾，位于我国东南海面上，隔台湾海峡与福建省相望，为我国第一大岛，面积为3.6万平方千米。其名称源于土著民族"台窝湾"，古称"夷岛""夷州""琉球"等，南宋时澎湖列岛已属福建路，元明置巡检司，后被荷兰、西班牙殖民者侵占，明末郑成功收复台湾，清初置台湾府，隶属福建省，光绪十一年（1885年）改为台湾省，1895年被日本占领，1945年归还中国，现省会为台北市，简称"台"。

香港特别行政区，位于南海之滨、珠江口东侧，毗邻广东省深圳市，分香港岛、九龙、新界三部分，总面积约为1104平方千米，清代属广东省新安县（今广东深圳市），1842年"鸦片战争"后被英国占领达一百五十余年。根据1984年中英两国联合声明，香港于1997年7月1日回归祖国，按照"一国两制"的原则，实行"港人治港，高度自治"，中央政府只负责其外交和防务，其余一切政事，由特别行政区政府依据《中华人民共和国香港特别行政区基本法》治理，简称"港"。

澳门特别行政区，位于珠江三角洲南端，北与广东省珠海市相接，原属广东省香山县，由澳门半岛、凼仔岛和路环岛三部分组成，现在总面积为29.5平方千米。明嘉靖三十二年（1553年），葡萄牙殖民者借口曝晒水渍货物，强行上岸租占，"鸦片战争"后不断扩大范围，至1887年迫使清政府与之签订《中葡里斯本条约》和《中葡和好通商条约》，在澳门实行殖民统治。1999年12月20日中国恢复对澳门行使主权。现为澳门特别行政区，简称"澳"。

中国的地域文化分布

　　中国幅员辽阔，地跨热带、亚热带、暖温带和亚寒带几个气候带，地理景观差异很大，生产生活方式各不相同，形成了不同的地域文化。我们可以将东部农业文化大区划分为东北文化区、燕赵文化区、黄土高原文化区、中原文化区、齐鲁文化区、淮河流域文化区、巴蜀文化区、荆湘文化区、鄱阳文化区、吴越文化区、闽台文化区、岭南文化区、云贵高原文化区共 13 个区。西部游牧文化大区虽然没有农业文化区复杂，但其内部仍有较大差异，按其总体特征，可以细分为内蒙古文化区、北疆文化区、南疆文化区和青藏高原文化区。

东北文化区

　　该区范围西起大兴安岭，东接长白山，北枕黑龙江，南抵辽东半岛，中部为辽阔的东北大平原。从历史发展进程看，该区在大部分时间内是以少数民族文化占据主体地位。古代这里民族分为秽貊和肃慎两大类。肃慎系就是满族的祖先，其中的一支曾在 698 年建立过渤海国。宋朝时称女真，建立了金国，并入主中原。明代晚期，满族兴起，

建立后金政权，后改为清，并挥戈入关，统治中国达二百六十多年。随着关内汉族人的闯关东，到 20 世纪初，东北已成为汉族农耕社会，满族人仅有少量分布在深山密林里。但是东北的汉族文化并非中原农业文化的简单位移或扩散，而是融合了东北少数民族游猎文化特色在白山黑水之间成长起来的具有"关东味"的农业文化。这里的人们豪爽重义、诙谐风趣，有语言和表演天赋，典型文艺样式是二人转和大秧歌。

燕赵文化区

燕赵文化区主要依托于今河北省。自秦始皇剪灭赵、燕以来，这里的文化仍然具有明显的区域特征。这里的民风粗犷、豪放、激越、慷慨。由于地处游牧民族与农耕民族的交壤地带，战乱较多，这里习武的风气很盛，社会并不安定。唐代文学家韩愈以"燕赵古称多慷慨悲歌之士"来称赞这里侠风之盛。延至今天，习武之风仍延绵不绝，沧州成了著名的武术之乡，名家高手辈出。

从《汉书·地理志》中还可看出该地女子也颇开放，并擅长文艺。辽、金、元、明、清皆立都于燕赵之地，更助长了当地人好文习艺之风气，燕赵吹歌两千多年来广为流传，乡土风味十分浓重。燕赵舞蹈绚丽多姿，其中著名者为徐水狮子舞、冀东地秧歌和跑驴、石家庄的井陉拉花、沧州的落子、高阳的竹马洛子、赵县的扇鼓、战鼓和景县的七巧灯舞等。燕赵还是戏剧之乡，金、元杂剧即先盛于此，而后才南下传播吴越之地。近世以来，独具燕赵风韵的河北梆子、京剧和评剧迅速发展，几乎流行于北半个中国。

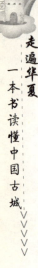

黄土高原文化区

黄土高原文化区依托于黄土高原，西起河西走廊，东抵太行山，北界长城，南限秦岭。该区包括今天的陕西、甘肃大部，宁夏、山西全部。黄土高原是中国黄土分布最集中的地区，黄土厚度大约在100~200米，古老的黄河两度穿越该区。这一文化区实际上以黄河分界，可分为两大组成部分，即以汾河谷地为中心的山西和以关中平原为依托的陕西、甘肃和宁夏，前者习惯上称"三晋文化区"，后者则称为"三秦文化区"。由于这两地都位于黄土高原上，又有一定的共同性，故也可合为一个文化区。

长期以来，黄河、黄土和黄土高原被视为中国文明的象征，是中华文明的摇篮。传说中的黄帝即活动于这一带，近代以来的考古发掘证明早在新石器时代，这里的旱作农耕文化已十分发达，虽然黄河流域不是中华文明的唯一摇篮，但这里的文化确实是中华文化的最重要源流之一。周秦以来的两千多年间，共有13个王朝建都于关中平原的西安，历时一千多年，沟通中国和西方的"丝绸之路"的起点也在西安，早期佛教即沿着这条路来到中原大地并获得较大发展的，因此可以说黄土高原文化是中华古老、繁荣的文化的代表。自唐安史之乱后，黄土高原文化逐渐走向衰弱，中国经济、文化重心向东南地区转移。

由于黄土高原在历史上长期作为文化发达区域而存在，并且有西安这样的古都存在，因而至今黄土高原有大量的文物古迹得以存留，成为寻找中华文化早期足迹的最重要的地方。如西安的碑林、秦始皇陵、唐长安城、山西五台山的古寺、敦煌的莫高窟、山西大同的云冈石窟、陕西黄陵县的轩辕黄帝陵等，文物古迹众多成为这一文化区的

重要象征。

中原文化区

中原文化区主要依托于现今的河南省，即《禹贡》九州中的豫州，因豫州位居九州中央，故又名"中州"。中州大地，西高东低，太行、王屋雄峙北界；大别、桐柏屏立南境；西有秦岭东来，分出伏牛、熊耳诸脉，结为豫西山地；中部嵩山耸立，雄视中州诸野；东部为黄淮平原，沃野千里。黄河横贯中原，淮河滚滚东去，丹江、唐、白诸水南下江汉。

中国最早的国家——夏即诞生在中原，此后的殷商也立都于此，这片肥美的土地上孕育了中国古代文明，诞生了灿烂的中国文化。中国七大古都中原占有三处，即洛阳、开封、安阳。长期以来，这里都是中华文明的政治、经济、文化中心，中原文化就是中国文化的典型和化身。

河南民风淳朴沉勇，历代习武之风，千载未衰，其中尤以少林、太极著称于世。"天下功夫出少林"，河南嵩山少林寺即为少林武术的发源地，少林武术集外家拳之精华，以骠劲勇疾见长。与少林武术齐名者为发源于河南温县陈家沟的陈氏太极拳，它集内家拳之精华，以刚柔相济闻名。

河南戏曲繁多，地域特色极浓。流传最广者为豫剧，它不仅是河南最大的地方剧种，而且更是在全国范围内影响最大的地方剧种之一，河南人民酷爱曲艺艺术，其中以河南坠子最为流行，次为三鼓书和鼓词儿。每年农历正月十一开始的豫西山地宝丰县的"马街书会"，可谓是我国曲艺界的盛会。

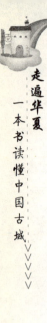

齐鲁文化区

齐鲁文化区主要依托于现今的山东省。春秋时代这里曾为齐国、鲁国所在地，故山东又常称为齐鲁，齐鲁文化区西部与西北部为黄河冲积平原，中部为以泰山为主峰的鲁中南丘陵山区，山东半岛则伸向渤海与黄海之间，与辽东半岛隔海相望，黄河横贯中部注入渤海。

春秋、战国、秦、西汉，齐鲁大地是中国学术文化最为发达的地区。孔子即诞生于山东曲阜，由他所创立的儒家两千多年来成为中国的统治思想，可以说中华文化的传统精神即从齐鲁大地中孕育成熟出来。齐鲁学风，弥漫华夏。齐鲁的传统文化，古朴典雅；齐鲁的风土人情，诚挚豪爽。

山东梆子、山东大鼓和山东快书尽管属于不同的戏曲、曲艺形式，但它们都具有齐鲁大地的豪放粗犷之气，广泛流行于齐鲁各地。山东快书语言明快风趣，情节生动，表情动作扩张，节奏较快，长于演说英雄人物除暴安良的武侠故事。

鲁菜是我国著名的八大菜系之一，其突出特点是味鲜形美，讲究清脆，善用糖醋汁、清汤、奶汤、刀纹美观，工于火候。鲁菜分为济南菜、胶东菜和孔府宴席三大支系，其中孔府宴席讲究仪式，一等宴为清代国宴规格的"满汉宴"，二等宴为嘉宴、寿宴等。

淮河流域文化区

淮河流域文化区大体是今淮河中下游地区，即安徽、江苏两省的长江以北广大地区。这一地区呈现鲜明的南北过渡特征，淮河以北种麦，淮河以南种稻。在历史上，南北方势力常在此争夺拉锯，垓下之战、淝水之战、元嘉北伐等都发生在这里。

最能反映淮河流域文化特色的艺术形式为"凤阳花鼓"。明清乃至民国以来，淮河两岸"三年恶水三年旱、三年蝗虫灾不断"。每年秋后，凤阳一带妇女便成群结队，外出卖唱乞讨。她们大多身背花鼓流落各地卖唱。凤阳花鼓艺人流落四方后，广泛吸收各种民间曲乐，丰富自身的声腔，并演变出多种歌舞形式，但都以传统的花鼓调为基础。凤阳花鼓节奏鲜明、舞姿轻盈、唱法自由，甚至可以连说带唱，曾经广泛流传，对各地曲艺都有很大影响。

巴蜀文化区

巴蜀文化区主要依托于四川盆地。四川盆地东半部，古代为巴国所在地，西半部为蜀国所在地，因而四川自古以来便以巴蜀代称。此地虽偏处西南一隅，但与关中盆地较近，有栈道联系两地。因而其接受中原文化的传播也较早。在战国时，这里就逐渐成为汉文化区。清朝立国之初，农民起义军张献忠部与清军在这里展开激战，四川人口大多数死于战乱或逃散。现代四川人的大部分则是清代后才迁入四川的移民后裔，时至今日成为全国人口最多的省份。

巴蜀之地，气候温湿，适宜植桑养蚕，自古以来，织锦业颇为繁盛，早在两千多年前，蜀锦已经成名。宋元以来，愈益精美，成为我国三大名锦之一。与蜀锦齐名的是川绣，是中国四大名绣之一，有一千六百多年历史。

川菜是我国最有名的菜系之一。四川人烹调诸菜，多和以辛辣、椒末之属，著名的宫保鸡丁、麻婆豆腐以辣味相佐，名扬全国。重庆火锅则成为全国各地颇受欢迎的佳肴之一。

川剧是巴蜀地方戏曲中的主要剧种，已有三百多年历史，用四川

方言演唱，共有昆腔、高腔、胡琴、弹戏、灯戏五种声腔。川剧语言生动活泼，滑稽中横溢出讽刺的意味。川剧剧本，喜剧情调很浓，深为群众喜爱。

荆湘文化区

荆湘文化区主要依托于洞庭湖平原、江汉平原。它处在长江中游，巫山、武陵山层峦翠峰，屏障西境；东有幕阜山、武功山与江西相隔；北以桐柏山、大别山脉与中原分野；南耸五岭山脉与两广为邻，万里长江自巴蜀而来，穿越三峡天险，横贯荆湘大地。

该区河流纵横交错，湖泊星罗棋布，气候温暖湿润，自古以来号为"鱼米之乡"。自明代以来，这里就成为全国重要的产粮区，并有"湖广熟，天下足"的谚语流传。当地人民还利用丰富的水产等自然资源，以精湛的烹调技艺，制成了颇富荆湘特色的各种菜肴和小吃，其中以湘江流域、洞庭湖区和湘西山区三种地方风味为主而形成的"湘菜"，被列为全国八大菜系之一。湘菜的特点是：油重色浓，酸辣焦麻，鲜香嫩脆。

荆湘风俗，自古以来就信鬼、尚巫、好祭祀。凡祭祀必有巫觋作乐，伴以歌舞。民间歌舞成了楚人习俗的一个重要组成部分。春秋战国时，楚人音乐被北方人称为南音，与北音并峙华夏。今天荆湘各地的艺术形式，无不打上了富有楚国文化独特风格的深刻烙印。戏曲方面，从江汉之滨的汉剧、楚剧、荆州花鼓戏、阳新采茶戏到洞庭湖畔的湘剧、祁剧、巴陵戏和湖南花鼓戏，无论在音乐、舞美或表演艺术方面，无不透射出楚色、楚香、楚风、楚俗的浓烈乡土气息。

鄱阳文化区

鄱阳文化区位于长江中下游南岸的鄱阳湖流域，在行政区划上主要以江西省为主。该区东连吴越和闽台文化区，南以岭南文化区为界，西邻荆湘文化区，江北为淮河流域文化区。鄱阳文化区三面环山，北临长江；赣江、抚河、信江、鄱江和修水五大江河冲出周围山地，奔腾汇入鄱阳湖，再由湖口注入长江而去。

鄱阳文化区的自然、人文景观丰富多彩。鄱阳湖如镜，长江似练，庐山飞峙。云腾雾遮，江河湖山，融为一体。在这样的美景下，这里还是我国佛教与道教俱兴的宗教圣地之一。佛教净土宗由东晋名僧慧远在庐山东林寺创立，该宗以称念阿弥陀佛名号、求往西方极乐净土为宗旨，该宗至今为止仍在我国民间广为流传。另外，佛教禅宗慧能派"五家七宗"中的曹洞宗和杨歧宗也发源于该区。江西还是我国道教最重要的圣地，道教的灵宝派、龙虎山派、西山派和净明道区均源于本区。

江西自唐宋以来，人文蔚兴，成为我国文化发达区域之一。南宋时，境内讲学风气颇浓，书院众多，迄今为止，江西还以书院之多，名冠全国。其中又以庐山的白鹿洞书院和铅山县境的鹅湖书院最为有名。

江西的景德镇是我国的瓷都，所产瓷器行销世界。

吴越文化区

吴越文化，又称"江浙文化"，是指江浙地区的地域文化。吴越文化区以太湖流域为中心，其范围大致包括今日的苏南、江西东北的上饶地区、皖南和浙江省及上海市，基本与整个吴语方言区相吻合。吴越文化如细分则可分为"吴文化"和"越文化"，两者同源同出。

对应吴语的吴越文化形成于周代，到了晋朝受到北方文化的影响，开始成为中国文化中精致典雅的代表。唐代吴越经济开始超过北方，影响力进一步扩大。同时，原来的北方文化在战争和多次的少数民族统治中淡化，因此，吴越文化又保留了较多的传统中国文化。例如，吴语比较细软优雅，享有"吴侬软语"的美称；吴越饮食以香甜可口为特征，与以香辣为主的西南、以干煮炖为主的北方饮食形成鲜明的对比；吴越地区辈出文人墨客和科学家，古代状元和现代中国院士中吴越地区人士要占近五分之二。

闽台文化区

闽台文化区由海峡两岸的福建与台湾两省构成。在海峡西岸，武夷山纵贯西境，与鄱阳文化区接壤；北部与南部分别与吴越和岭南两个文化区相邻。台湾省与福建隔海相望，尽管台湾与福建文化各有特色，但台湾居民中有80%以上是福建移民的后裔，故两地文化可谓同脉共祖。

与其他文化区相比，福建方言异常复杂，至今仍大量保留着古音、古词。在中国八大方言中，福建方言占了其中的三种：客家方言、闽北方言、闽南方言。

在中原地区，由于外族的入侵，战乱不止，人口迁徙频繁，促使社会成员多次重新整合，聚族而居的传统已不明显。由于在西晋后陆续入闽的汉人多是举族而来，利用宗族的力量来克服迁徙途中所遇到的种种困难。入闽后，不同宗族的北方移民在争夺生存空间和政治经济利益时也经常发生激烈的冲突甚至相互残杀，因此，入闽后的汉族大多举族而居，依赖家族的力量求得生存和发展。自宋代以来，福建

一直是我国聚族而居最明显的地区，至今仍有明显痕迹。

福建由于地处东南沿海，天然良港颇多，生存空间又有限，因而很早就发展起了商品经济和海外贸易。自宋元以来，这里是我国商品经济最发达的地区之一。泉州港元代是全国最大的港口，至今仍保留着众多的中西经济、文化交流的遗迹。与内地人相比较，福建尤其在闽南，商品经济观念深入人心，传统的"义礼"观念束缚甚少。

岭南文化区

岭南文化区主要包括广东省、广西壮族自治区的东南部、海南省。岭南文化包括广府文化、客家文化和潮汕文化三大分支，其中广府文化在岭南文化中个性最鲜明、影响最大。岭南文化以农业文化和海洋文化为源头，在其发展过程中不断吸取和融汇中原文化和西方文化，逐渐形成自身独有的特点——务实、开放、兼容、创新。

岭南地区远离中国传统文化内核，处处迸发出一种超越"传统导向"的进取精神。在饮食方面，就明显地表现出岭南人的敢于尝试，敢于创新的开拓精神，粤菜便是这样"吃"出来的。粤菜的成名并不久，但粤人烹饪大师们善于吸取中西烹饪技术精要，根据本地百姓的口味、嗜好、习惯，大胆改良，选料精细，刀工细腻，调味有方，终于形成了煎、炸、炒、炖、熏、卤、烩、烤和色、香、味俱佳的粤菜风格，跻身于中国八大菜系之一。

广东的音乐、戏曲也自成一格。广东音乐是现在我国最著名的乐种之一，流行于珠江三角洲一带，遍及世界。它是在广东民间曲调和粤剧音乐、曲调的基础上，广泛消化和吸收中原古乐，昆曲牌子、江南小调以及西洋音乐理论技法和优点，于1860年前后，作为一个独具

风格的乐种而闻世的。粤剧是岭南文化区最大的地方剧种，流行于广东、广西、香港、澳门等粤语方言区域，在东南亚、美洲、澳大利亚等华侨居住区也久负盛名。

西南少数民族文化区

西南少数民族文化区位于我国西南地区，北缘四川盆地，东限雪峰山、大瑶山等十万大山，南部和西部分别与越南、老挝、缅甸接壤，其主体部分依托于横断山脉和云贵高原，地势由西北向东南降低，怒江、澜沧江、元江、红水河等顺沿地势倾斜而向南、东南和东三个方向向外作扇形分流。本区大部分位于亚热带气候区内，其南部尚有部分地区位于热带气候区内。该区在行政区划上包括云南、贵州全省，广西大部、湖南一部。这里居住着苗、侗、彝等少数民族。该区各族人民能歌善舞，居住在山乡的二十多个民族，没有哪个民族不唱歌，没有哪个村寨不跳舞。

内蒙古文化区

内蒙古文化区横亘在祖国的北疆，依托于蒙古高原。行政区划上为内蒙古自治区，游牧经济是主要特征。在牧区，圆形蒙古包是最富特色的民居之一，食物以牛、羊肉及奶食为主，粮食、蔬菜为辅。牧民爱好饮砖茶，煮好之后稍加鲜奶，别有风味。蒙古族服饰，无论男女，都爱穿滚边长袍，身段宽大；喜欢用红、黄、绿等色绸缎作腰带，腰带上常佩挂吃肉用的刀子；男女皆穿软统牛皮靴，长到膝盖，男子多戴蓝、黑、褐色帽或束红、黄头巾，女子盛妆时戴银饰点缀的冠，平时则以红、蓝色布缠头。男女老幼都善于骑马，出行不论远近，均以马代步。蒙古长调悠扬深沉，已被列入联合国世界文化遗产。

北疆文化区

北疆文化区有着独特的自然环境。四周被天山、阿尔泰山和塔尔巴哈台山环绕，中部为准噶尔盆地和伊犁盆地。额尔齐斯河和伊犁河分别流贯两大盆地。周围的群山是良好的夏季牧场，中部盆地则为冬季牧场。该文化区除了维吾尔族、蒙古族和锡伯族等少数民族外，主要居住着八十多万哈萨克族，形成了北疆民族文化的独特风貌。

哈萨克人擅长骑术，喜刁羊游戏，他们的文化艺术具有强烈的游牧民族特色，冬不拉是牧民们最喜爱的乐器。哈萨克族人民性情直率，诚恳亲切，热情好客，对来拜访和投宿的客人均给以很殷勤地招待。

南疆文化区

南疆文化区横亘于天山山脉以南、昆仑山—阿尔金山山脉以北、帕米尔高原以东的广阔的塔里木盆地中。塔里木河、叶尔羌河、玉龙喀什河和车尔臣河等汇集了四周高山的冰雪融水，聚向盆地，最后消失在干旱的沙漠中。尽管这里是世界上最干旱的沙漠，但由于有冰雪融水的灌溉，出现了一片片的绿洲，因而很早以来这里就发展起了农业。该区是一个以维吾尔族为主，兼容柯尔克孜、塔吉克和乌孜别克等其他少教民族的复合文化区。由于维吾尔族的人数占绝对优势，因此，南疆文化副区的文化景观处处显示出了维吾尔民族文化的特色。

青藏高原文化区

青藏高原文化区依托于青藏高原。行政区划上包括青海省大部和西藏自治区全部。青藏高原实际上是一系列高大的山岭和台原组成的山原。以拥有世界上最高大的山脉、稀薄的空气、数不清的雪岭和山峰著称于世。属独特的高寒气候，气温偏低。藏族是该区的主要民族，

他们创造的文化具有浓厚的宗教色彩。

藏族信奉藏传佛教，在这里，藏传佛教紧紧地控制着整个社会的政治、经济乃至日常生活，是个典型的宗教社会。

藏族人的衣食住行与高原上高寒的地理环境和游牧生活密切相关。装束方面，男女都蓄辫，喜戴首饰；上身穿长袖短褂，外着宽肥长袍，右襟系带；男子穿裤，女子穿裙；男女均穿氆氇长靴或牛皮长靴，常常袒出右肩，便于活动。藏族农区主食糌粑系用炒熟的青稞或豌豆磨成面粉，用酥油茶或奶茶拌食；牧区以牛羊肉为主食；因为天寒，藏族人普遍嗜饮青稞酒。藏族人陆上运输以牦牛为主，水上则以牛皮船为主。

藏族民间英雄史诗《格萨尔王传》是世界上最长的史诗，是世界文学宝库中的一颗明珠。

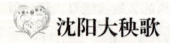

沈阳大秧歌

沈阳大秧歌，是明清时在继承唐代以来东北大秧歌传统特色而形成的地方乡土艺术。开始时，是少数民间闲散艺人在街头表演的谋生手段，逐渐变成了节庆或庙会期间的娱乐活动。

到民国初年时，沈阳大秧歌艺术进一步发展。据文献记载，当时"大抵前导者反穿皮袄，斜披串铃，手执长鞭，前行开路。继其后者为一参军，靴鞋袍褂，挎腰刀。继为沙公子，汉装文生，手执折扇。继为老妪，耳佩红椒，手持蒲扇。继则丑旦相匹偶，或十数卖膏药者殿其后，行列环形，错综歌舞，间以科陈白，鼓钹和之，或加鼓吹。"

现行沈阳大秧歌，除继承了东北大秧歌原有传统艺术形式、风格外，已同辽南、辽西的高跷艺术融为一体，形成了独有的粗犷、豪放、火爆、热烈、欢快、强劲而自由的艺术特色和时代精神。例如，在舞姿上优美洒脱、热烈奔放，可以即兴表演而不受步法约束；表演者可灵活地用腰、胯的扭动和步伐变化，采用走、摇、颤、跳、腾、挪、抖、闪等方式，以及扭、逗、浪、俏、哏等艺术手法，表演得挥洒自如、活泼、妙趣横生，既可表现传统故事人物，又可反映时代精神。同时，还可将许多民间绝活杂耍融于表演之中，如高跷秧歌，既有高、低、文、武、跑、跳等分别，又有"过街楼""倒爬城""浮水倒立""众星捧月""竖蜻蜓"等高难动作。

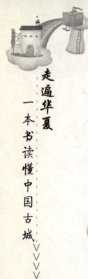

关东三大怪

提到"关东三大怪"，闯过关东的老人们都知道是"窗户纸糊在外，大姑娘叼着个大烟袋，养活孩子吊起来。"其实，这三大怪是过去独特的民俗，现在已经基本消失了。

为什么"窗户纸糊在外"呢？过去东北地区的居民十分贫穷，住房大多数是土垒草房，其窗户大多数是木棂格子窗，因买不起玻璃，只好用纸糊在外窗上，以挡风御寒。为什么要糊在外边呢？因为糊在外面它可以保护木制窗棂不受雨水腐蚀和风吹日晒，延长窗户的使用寿命。糊的方法是将两张窗户纸中间夹上网状麻绳，糊在一起，然后再糊到窗棂上，再在窗纸上均匀地涂上豆油，纸干后，挺阔结实，既不怕雨淋，又不怕风吹，经久耐用。现在绝大多数的居民居住条件改善了，都换成了明亮的玻璃窗，除了个别的穷困地方已很难看到"窗户纸糊在外"的现象。

"大姑娘叼个大烟袋"，是因为过去生活单调，该地区又冬长夏短、冬天没什么活计，乡亲们就猫冬、串门、唠嗑、打牌、抽旱烟。抽旱

烟没有卷烟纸，只好使用烟袋锅抽。大部分的男女老少都会抽烟，所以大姑娘也不例外。大姑娘叼个大烟袋抽旱烟，对不嗜旱烟的妇女们来说，当然被视为一大怪事。

"养活孩子吊起来"，是说将生下来的小孩，放在"悠车子"中摇晃，可以代替母亲抱着看护。悠车子是长椭圆形，1米多长，下有床底，四周有护栏，铺好被褥，小孩躺在里边既舒适又安全。将悠车用四根麻绳拴好吊到天棚木杆上，推一把悠车便来回摆动，小孩在里边悠哉游哉，不哭不闹。现在除个别乡村外，已经很少有人采用这种方式了。其实这倒是一种既能充分利用空间，又能解放母亲劳动力的比较科学的方法，还是应该保留下来，为百姓日常生活做贡献的。

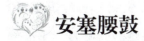

安塞腰鼓

"腰鼓"是陕北各地广泛流传的一种民间鼓舞形式，尤以延安地区的安塞县、榆林地区的横山、米脂、榆林等地最为盛行，是陕西民间舞蹈中具有较大影响的舞种之一。安塞腰鼓历史悠久，诞生于西北高原，在古代它既是激励边关将士冲锋陷阵、浴血奋战的号角，也是将

士凯旋的欢迎曲，如今它是陕北人精神风貌的象征。

安塞腰鼓的形式与发展，和当地的历史地理环境及民情习俗是分不开的。安塞位于陕西省延安地区的北部，地域辽阔，沟壑纵横，延河在境内蜿蜒流过，属典型的黄土高原地貌。历史上就是军事重镇，素有"上郡咽喉""北门锁钥"之称，为抵御外族入侵的边防要塞之一。当地群众传说，早在秦、汉时期，腰鼓就被驻防将士视同刀枪、弓箭一样不可少的装备。遇到敌人突袭，就击鼓报警，传递讯息；两军对阵交锋，以击鼓助威；征战取得胜利，士卒又击鼓庆贺。随着时间的流逝，腰鼓从军事用途逐渐发展成为当地民众祈求神灵、祝愿丰收、欢度春节时的一种民俗性舞蹈，从而使腰鼓具有更大的群众性，但在击鼓的风格和表演上，继续保留着秦汉将士的勃勃英姿。

1981年，在与安塞县比邻的延安市梁村乡王庄村一处叫"墓陵塌"的小山坡上发现一座古墓。其中出土了形制、人物造型相同的两块腰鼓画像砖，均系翻模成型后烧制的。经延安地区文物考古专家鉴定，系宋代造物。画像砖上所塑造的打鼓者，腰挎细腰鼓、侧身、头向左后扬起，左脚着地，右腿前跨蹬出，双手一高一低作挥槌击鼓状；左侧一人为敲镲者，双脚跳起，提左腿，眼看左侧，双手在胸前做打镲状。击鼓者赤膊，穿灯笼裤，腰系彩带，飘至前下方。打鼓者的动作和形象，颇似当今安塞腰鼓中"马步蹬腿"的第四拍和"前进步"的第二拍动作。腰鼓画像砖的画面清晰，造型美观，生动地表现了我国宋代陕北地区的腰鼓表演，对研究陕北腰鼓的历史渊源和发展，提供了珍贵翔实的文物资料。

安塞腰鼓以其独特风格、豪迈粗犷、刚劲奔放、气势磅礴而闻名天下，它有机地糅合了秧歌和武术动作，充分表现了黄土地人民憨厚朴实、悍勇威武而又开朗乐观的性格。安塞腰鼓的表演，既不受场地限制，也不受人员多少制约。大路上、广场里、舞台中均可表演，可一人单打，可双人对打，也可几十人乃至几百人群打。单打者腾跃旋跨，时如蜻蜓点水，时如春燕衔泥，时如烈马奔腾，时如猛虎显威；群打时则能变幻出多种美妙的图案，气势壮观。

安塞腰鼓分文鼓与武鼓两种，文鼓以扭为主，重扭轻打；武鼓以打为主，重打轻扭。安塞腰鼓快放快收，变化神速，自然大方，欢快流畅，刚柔相济，屈伸自如，在发展演变过程中将舞蹈、武术、体操、打击乐、吹奏乐、民歌等融为一体，使自身从内容到形式更加丰富，更具观赏性、娱乐性。

安塞腰鼓多采用集体表演形式，鼓手（称"挎鼓子"或"踢鼓子"）少则数十人，多时可达百余人。队伍包括拉花女角、伞头、蛮婆、蛮汉等角色，和"跑驴""水船"等各种小场节目组成浩浩荡荡的民间舞队。安塞腰鼓在表演上强调整体效果，要求动作的整齐统一和队形变化的规范性，主要通过鼓手们豪迈粗犷的舞姿和刚劲有力的击鼓技巧，充分展现生息在黄土高原上的男子汉们的阳刚之美。

安塞腰鼓在安塞县相当普及，分布于谭家营、西河口、沿河湾、真武洞等乡镇，有南派北派之分。1986 年，安塞腰鼓就荣膺首届中国民间舞蹈大赛最高荣誉大奖。近年来，又先后在第 11 届亚运会开幕式、香港回归庆典等大型活动中表演，并赴日本进行表演。安塞腰鼓表演可由几人或上千人一同进行，磅礴的气势，精湛的表现力令人陶

醉，被称为"天下第一鼓"。1996 年，安塞县被国家文化部命名为"中国腰鼓之乡"。

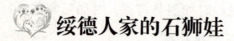

绥德人家的石狮娃

在卧室的窗台上或炕头上约 10～20 厘米的小石狮子，农家称之为"拴娃狮"，在绥德称为"炕头石狮娃"。在乡下，人们在家宅卧室炕头上放置一只石狮娃，有什么作用呢？当地人认为这炕头石狮娃，用场大着哩!

在当地，妇女怀孕后，在炕头上放置一只石狮娃，并在石狮娃身上扎系上一根红绳。这样做既可把孕妇怀的胎儿的灵魂拴住，又能保佑母子平安。因为石狮在，屋子里就会充满阳刚之气，母子就不会受到阴气、邪气的侵扰。这种习俗带有很浓的迷信色彩，只能在精神上给人一种慰藉和寄托。

但是，当婴儿长到自己会爬动的时候，这炕头上的石狮娃倒真的有了具体的用途了。大人用一条 1 米长的红布带子，一头拴在婴儿腰身上，另一头拴在小石狮上，这石狮既可以做玩具，还可以防止小孩乱爬乱动，从炕上滚下地来。因此，石狮娃又称"拴娃狮"，也叫"保

232

锁"，这些"拴娃狮"具有稚气、娇憨、顽皮的神态，有的像聪明伶俐、活泼可爱的顽童；有的似体壮矫健的小武士；有的像正在妈妈怀里撒娇的调皮蛋；有的圆头圆脑像一只憨厚的小狗。在当地老百姓的心目中，这些"拴娃狮"是能驱邪避灾、纳福、吉祥的神兽、灵兽、瑞兽。

在陕北旅游，你还常常会看到一些农家院门的门楼顶上以及院内对着院门的影壁墙下或土地神龛前，均放置着一个小石雕狮子，这是陕北男子汉们创造的石雕艺术，一般来说大不足尺，小不过寸，其形象自然，活泼，不受约束，神态生动，妙趣横生。有的天真烂漫，一副稚气，活像顽皮的孩了；有的憨厚老实如同陕北老农；有的稳重安详，温顺可亲好似慈母；有的刚健威严如同勇士。这些动态多样的小石狮与那些豪门大户、寺庙殿门前的蹲狮截然不同，当地人亲切地称这些小石狮为"石狮娃"。石狮娃因其动态不同，安放的位置不同，其"职责"也不同：在门楼顶端的叫"护宅狮"；放在门内影壁墙下或土地龛前的叫"守院狮"。

在适当的位置放石雕狮子，这是当地民间流传的一种传统习俗。人们认为狮子是百兽之王，不但能驱灾降魔，而且能给人们带来吉祥。再者，陕北地区水土流失严重，人们在门楼、房前供上一只石狮子，希望它能镇住已延伸到门前的深沟不再坍塌。

山西"无醋不成味"

有一则笑话说："山西老乡爱吃醋，交枪不交醋葫芦。"据传 1930 年"阎冯倒蒋"时，阎锡山率领的晋军被蒋介石的队伍包围在一座山上，当时正是夏天，口渴难忍，可是晋军被围了三天三夜，却平安无事。原来晋军每人腰间都悬着一个醋葫芦，渴了就饮一口。被俘后，谁也不肯把醋葫芦交出去，蒋军不知何意，还以为那是什么"宝葫芦"，就纷纷上前去抢。哪知拿起葫芦打开一饮尖酸难忍，这才知道尽是些醋葫芦。从此"老西儿"爱吃醋就成为趣谈了。

山西人为什么爱吃醋？有的说山西省内不少地方的水碱性大，吃醋可以起到酸碱中和的作用；有的说这里人爱吃面条、拌凉菜，调点醋，味道好，又便于消化；还有人说因为当地家家户户取暖、做饭多烧煤炭，吃醋可以消减煤气。然而，更重要的是山西酿醋有悠久的历史，规模大，味道纯，吃醋条件"得天独厚"，吸引着一代一代的山西人不得不吃醋。

我国古代称醋为酢，周时称醯。司马迁《史记·货殖列传》、崔霆

《四民月令》都有制醋的记载。据历史学家郝树侯的考证，前479年，山西一带就有醋的酿造者了。外地人称山西人为"老西儿"，这里的"西儿"就是古字"醯"的谐音。把古字"醯"字作为山西人的代名词，从中亦透露出山西酿醋时间之早，人数之多。北魏贾思勰在《齐民要术》中详细叙述酿醋的全过程，总结了20种酿醋法。贾氏曾到山西进行过具体考察，因此他的记载是可信的。当时山西酿醋已有了相当规模的作坊，每个醋坊前都要悬挂一个木质圆葫芦作为实物幌子，这葫芦既是盛醋的器皿，也是酿醋销醋的标志。

制醋的方法名目繁多，就生产方式来看，主要有熏制、发酵两种。醋的品种各式各样：按制醋原料分，有米醋、麦醋、糖醋、果醋等；按生产工艺分，有薰醋、黄醋、淋醋、回流醋、封缸醋等；按用曲类别分，有大曲醋、快曲醋、自然发酵醋；就商品牌号来看，有老陈醋、陈醋、特醋、双醋、名特醋等。山西酿醋地域广，品种全，并各具特色。然而，诸醋之中，太原清徐老陈醋可谓"醋中之王"。

山西自周以来酿醋业一直在我国北方居于领先地位，醋在民间广泛用作调料，逐渐形成了"无醋不成味"的风尚。古老的酿醋方法在广大城镇农村中流行，因而各地都有独具特色的名醋。例如，襄汾县汾城镇的太平米醋，采用当地优质小米为原料，色泽金黄，气味香醇，酸度浓烈，只要拧开醋瓶盖，酸味就扑鼻而来，品尝一口更是沁人心脾。陵川县玉泉醋，取"八角井"泉水，用麦制曲，酸度适宜，色佳味香。榆次南堡的大曲醋，软绵香酸，风味独特。壶关辛寨醋，颜色清紫，药用价值高，据记载，宋代该村李家曾因向宋皇献醋有功，被提升为传令官，这个村历史上便形成了"家家有醋缸，人人当醋匠"

的风气。

"久在山西住，哪能不吃醋？"这句俗语，是说外地人在山西工作、生活的时间长了，也会像山西人一样，有了爱吃醋的嗜好。确实，山西人爱吃醋已成为其独特的饮食习惯，每天吃面条、炒菜或拌凉菜，总要掂起醋瓶"咕咚"两下，这样吃方才过瘾。有人测算，山西人每年人均食醋 10 千克，高出其他地区好几倍。

各地舞狮习俗

舞狮在我国历史悠久，从北方到南方，从城市到乡村，逢年过节及庆典盛世都可以见到欢快的舞狮活动，把老百姓的欢喜心情表达的是淋漓尽致。狮舞，又称"狮子舞""狮灯""舞狮""舞狮子"。狮子在中华各族人民心目中为瑞兽，象征着吉祥如意，从而在舞狮活动中寄托着民众消灾除害、求吉纳福的美好意愿。狮舞历史久远，《汉书·礼乐志》中记载的"象人"便是狮舞的前身，唐宋诗文中多有对狮舞的生动描写。现存狮舞分为南狮、北狮两大类，南狮具有较多的武功高难技巧，神态矫健凶猛；北狮娇憨可爱，多以嬉戏玩耍为表演内容。根据狮子假型制

作材料和扎制方法的不同，各地的狮舞种类繁多，异彩纷呈。

　　在我国民间，元宵节舞狮子是广大人民群众喜爱的盛事，每到农历正月十五前后，我国的许多城镇和乡村都要表演舞狮子。现在我国流行的舞狮，有文狮、武狮之分。文狮动作细腻诙谐，主要表现狮子的活泼及嬉戏神态，如抢球、戏球、舔毛、搔痒、打滚、洗耳、打瞌睡等，富有情趣性；武狮则重技巧和武功的运用，如腾、闪、跃、扑、登高、走梅花桩等高难动作，表现狮子的威武性格。

　　在长期的流传中，通过民间艺人不断的创造，形成了不同地区的舞狮有不同的风格与特色。如北京高碑店的《舞狮》，以狮头重量见长，狮头重达九十余斤；河北徐水县的舞狮动作矫健，能跃上五张方桌，在桌面上表演；安徽的《手狮子》小巧玲珑；山东的《大狮子》在硝烟弥漫中，腾空蹿跳，既惊险又显勇猛；四川的《高台狮子》和《地盘狮子》以演绎破阵法为特色。在少数民族地区，也有舞狮子的习俗，青海省藏族的《雪狮》就很有特点，广东醒狮舞以其独特的造型、雄壮的鼓乐、南派武功等特色，在国内外都获得了很高的声誉，影响甚远。

湘西土家族摆手舞

　　"摆手舞"流行于湖南湘西土家族苗族自治州，是土家族原始的祭祀舞蹈，现主要流传于湖南湘西龙山、保靖、永顺等地，已有近千年历史。

　　"摆手舞"流传广泛，名称不尽相同。有叫"舍巴日"或"舍巴格资"的，意思是甩手或玩摆手；有叫"舍巴"的，意思是摆手；有叫"舍巴骆驼"，意思是跳摆手；有叫"跳年"（汉语），名称虽多，但表演形式和内容基本相同。每逢庆贺新年，纪念祖先或是团圆联欢中，土家族人民都要跳"摆手舞"。

　　湘西土家族摆手舞集歌、舞、乐、剧于一体，摆手舞的舞蹈动作多是土家生产、生活、征战场面的再现：有表现打猎生活的"赶野猪""拖野鸡尾巴""岩鹰展翅"等；有表现农活的"挖土""撒种""种苞谷"等；有表现日常生活的"打蚊子""打粑粑""擦背"等；有表现出征打仗的"开弓射箭""骑马挥刀"等。摆手舞的舞姿粗犷大方，刚劲有力，节奏鲜明。土家人用牛头、猪头、粑粑、米酒、腊肉

等供品祭祀过祖宗之后就开始起舞，从天黑一直跳到天亮，有时甚至一连跳几个通宵。还有一种在野外举行的大摆手舞，它是一种军功战舞，规模宏大，气势不凡，少则几人，多则上万人，历时七八天不息。大摆手舞每三年举行一次，是军事战争场面的重演。跳大摆手舞集会也是一次盛况空前的商贸交易会。

土家族摆手舞舞姿大方粗犷，有单摆、双摆、回旋摆、边摆边跳等动作。舞蹈场地一般在坪坝上。舞蹈分为大摆手和小摆手，大摆手祭祀族群众始祖，规模浩大，舞者逾千，观者过万；小摆手主要祭祀本姓祖先，规模较小。其音乐包括声乐伴唱和器乐伴奏两部分，声乐主要有起腔歌和摆手歌，乐器主要是鼓和锣，曲目往往根据舞蹈的内容及动作而一曲多变。摆手舞的动作特点是顺拐、屈膝、颤动、下沉，表现风格雄健有力、自由豪迈。

"摆手舞"是集体舞蹈，大多呈圆形，锣鼓放在中央或边上。男女老少都可参加，有时两人一行或四人一行，有时女的在里圈。"导摆者"在行列之前领头，行列之间有"示摆者"作示范，行列之后有"押摆者"压队，在锣鼓的伴奏下，边唱边舞。一般要跳完一圈之后才换一个动作，各个动作连接起来，便构成一个完整的情节，如耙田、插秧、扯草、望太阳等动作连接在一起，就表现出春季生产的劳动过程。那健朴的舞姿，高亢、自由的歌声伴着强烈的锣鼓节奏，给人以清新而热烈的感觉。

摆手舞是土家族人民的一种全民族的大型舞蹈，它真实地反映了土家族人民千百年来生活的各个方面，对研究土家族历史、战争、宗教、迁徙、民俗等都有十分重要的价值。

傣族孔雀舞

　　傣族孔雀舞是我国傣族民间舞中最负盛名的传统表演性舞蹈，流布于云南省德宏傣族景颇族自治州的瑞丽、潞西及西双版纳、孟定、孟达、景谷、沧源等傣族聚居区，其中以云南西部瑞丽市的孔雀舞（傣语为"嘎洛勇"）最具代表性。相传一千多年前傣族领袖召麻栗杰数模仿孔雀的优美姿态而学舞，后经历代民间艺人加工成型，流传下来，形成孔雀舞。

　　傣族的历史悠久，从 1 世纪，汉武帝开发西南后就与内地在经济和文化等方面一直保持往来。东汉时，傣族首领多次派遣使者率表演乐舞、魔术、杂技者到洛阳献艺。由此可见，傣族的乐舞文化早在两千多年前已有相当高的水平。

　　在傣族人民心目中，"圣鸟"孔雀是幸福吉祥的象征。不但许多人在家中饲养孔雀，而且把孔雀视为善良、智慧、美丽和吉祥、幸福的象征。在种类繁多的傣族舞蹈中，孔雀舞是人们最喜爱、最熟悉，也是变化和发展幅度最大的舞蹈之一。傣族民间传统的孔雀舞有着很

长历史，并被纳入了宗教的礼仪之中。孔雀舞是傣族人们最喜爱的民间舞蹈，在傣族聚居的坝区，几乎月月有"摆"（节日），年年有歌舞。在傣族一年一度的"泼水节""关门节""开门节""赶摆"等民俗节日，只要是尽兴欢乐的场所，傣族人民都会聚集在一起，敲响大锣，打起象脚鼓，跳起姿态优美的"孔雀舞"，歌舞声中呈现出丰收的喜庆气氛和民族团结的美好景象。

孔雀舞具有广泛的群众性和悠久的历史。早在一千多年前，傣族人民中间就已经流传着许多有关孔雀舞的优美传说，召树屯与楠木诺娜的故事，就是其中的一个。民间在"赶摆"、过节以及各种喜庆日子里表演的孔雀舞，都是根据各种传说编成的。

孔雀舞的动作优美典雅、内在柔韧而又轻盈敏捷。孔雀舞的语汇也是非常丰富的。模仿孔雀的一举一动，真是千姿百态，如手上的动作有：五位提腕手、四位摊掌立掌手、一七位按掌手，等等。手势可用掌式、孔雀手式、腿式、嘴半握拳式、扇形手式等。脚下的动作有踮步、起伏步、矮步、点步、顿错步，还有很多的抬前、旁、后屈腿等优美的典雅的舞姿。肩部往往配合手脚用柔肩、拼肩、拱肩、碎抖肩、耸肩等。丰富的舞蹈语汇，描绘出孔雀的活泼、伶俐、美丽。

孔雀舞没有音乐旋律的伴奏。虽然仅有象脚鼓、锣、钹等打击乐，但并不显得单调。象脚鼓的鼓点异常丰富，音响变化万千，表演者一般都要选一位很好的鼓手伴奏。这样，才能打出丰富多彩、激动人心的鼓点。同时能随着表演者的舞蹈动作和情绪的变化而灵活、巧妙地变换鼓点。木架上按大小顺序排列的锣虽然只打着单一的节奏，但也能随着表演者的情绪和舞蹈动作的节奏，而有轻、重、快、慢之分。

当象脚鼓、锣、钹三种乐器很协调地齐奏时，既能够打击温柔抒情的鼓点，也能打击出欢腾奔放和浑厚有力的鼓点。鼓点激发起表演者的激情，同时，表演者精湛的表演艺术又感染了鼓手。围观群众在表演者跳到高潮时，由一人（可由鼓手或观众中的小伙子）带头喝彩："吾、吾"或"水、水"。这时，就出现了一呼百应的欢腾场面。

孔雀舞风格轻盈灵秀，情感表达细腻，舞姿婀娜优美，是傣族人民智慧的结晶，有较高的审美价值。它不只在重要热闹的民族节庆中单独表演，也常常融合在集体舞"嘎光"中。孔雀舞具有维系民族团结的意义，其代表性使它成为傣族最有文化认同感的舞蹈。

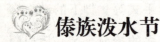

傣族泼水节

中国傣族是一支有着悠久文化传统的少数民族，泼水节实为傣族的新年，是西双版纳最隆重的传统节日之一，一般在傣历六月中旬（即农历清明前后十天左右）举行，为期三至四天，一般在阳历4月13日至15日这三天。

傣族泼水节又名"浴佛节"，傣语称为"比迈"（意为新年），西

双版纳德宏地区的傣族又称此节日为"尚罕"和"尚键"，两名称均源于梵语，意为周转、变更和转移，指太阳已经在黄道十二宫运转一周开始向新的一年过渡。阿昌、德昂、布朗、佤等族过这一节日。柬埔寨、泰国、缅甸、老挝等国也过泼水节。

泼水节源于印度，是古婆罗门教的一种仪式，后为佛教所吸收，约在12世纪末至13世纪初经缅甸随佛教传入中国云南傣族地区。随着佛教在傣族地区影响的加深，泼水节成为一种民族习俗流传下来，至今已数百年。在泼水节流传的过程中，傣族人民逐渐将之与自己的民族神话传说结合起来，赋予了泼水节更为神奇的意蕴和民族色彩。

泼水节是傣族最盛大的传统节日，在这万物争春的佳节里，傣族男女老少都要穿上节日的盛装赶大"摆"，举行浴佛和互相泼水祝福。白天城乡各地处处吉祥水花飞舞，笑语连天，一片欢腾，晚上村村寨寨唱傣戏，跳嘎秧舞，放孔明灯，彻夜不眠。

傣族泼水节为期三至四天。第一天为"麦日"，类似于农历除夕，傣语叫"宛多尚罕"，意思是送旧。此时人们要收拾房屋，打扫卫生，准备年饭和节间的各种活动；第二天称为"恼日"，"恼"意为"空"，按习惯这一日既不属前一年，亦不属后一年，故为"空日"；第三天叫"麦帕雅晚玛"，据称此为麦帕雅晚玛的英灵带着新历返回人间之日，人们习惯将这一天视为"日子之王来临"，是傣历的元旦。

到了节日，傣族男女老少就穿上节日盛装，挑着清水，先到佛寺浴佛，然后就开始互相泼水，你泼我，我泼你，一朵朵水花在空中盛开，它象征着吉祥、幸福、健康，青年手里明亮晶莹的水珠，还象征着甜蜜的爱情。大家互相泼啊泼，到处是水的洗礼、水的祝福、水的欢歌。朵朵水花串串笑，泼水节成了欢乐的海洋。

　　泼水节除泼水外，还有赶摆、赛龙舟、浴佛、诵经、章哈演唱、斗鸡、跳孔雀舞、白象舞、丢包、放高升、放孔明灯等民俗活动，以及其他艺术表演、经贸交流等。

　　泼水节也是未婚青年男女们寻觅爱情、栽培幸福的美好时节。泼水节期间，傣族未婚青年男女喜欢做"丢包"游戏。姑娘手中用花布精心制作的花包，是表示爱情的信物。丢包那天，姑娘们极尽打扮，然后打着花伞，提着小花包来到"包场"，与小伙子们分列两边，相距三四十步，开始向对方丢花包。小伙子若是接不住姑娘丢来的花包，就得把事先准备好的鲜花插在姑娘的发结上，姑娘若是接不着小伙子丢来的包，就得把鲜花插到小伙子的胸前……就这样渐渐地选中了对方，一段浪漫的爱情故事就开始了。

　　泼水节是全面展现傣族水文化、音乐舞蹈文化、饮食文化、服饰文化和民间崇尚等传统文化的综合舞台，是研究傣族历史的重要窗口，具有较高的学术价值。泼水节展示的章哈、白象舞等艺术表演能给人以艺术享受，有助于了解傣族感悟自然、爱水敬佛、温婉沉静的民族特性。同时泼水节还是加强西双版纳全州各族人民大团结的重要纽带，对西双版纳与东南亚各国友好合作交流，对促进全州社会经济文化的发展起到了积极作用。

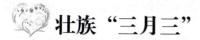 壮族"三月三"

　　壮族是中国少数民族中人口较多的一个民族。壮族有本民族的语言文字，壮语属汉藏语系壮侗语傣语支。古文字是"模仿"汉字《六书》的造字法而创造的一种与壮语语音一致的"方块壮字"。20 世纪 50 年代，根据壮族人民的要求，创制了一种全民族能够接受以拼音字母为基础的壮字，目前仍在推广使用。

　　美丽富饶的壮乡，素有"歌海"的美誉。尤其是盛大的"三月三"，方圆数十里的男女青年，都兴高采烈地穿上节日盛装赶来参加，少则几百人，多达数千人或上万人。顿时，人山人海，歌声嘹亮，成了歌的海洋。

　　农历三月三是壮族人民的传统节日，对歌又是三月三的一项主要活动，因此又称"歌圩"或"歌节"。歌圩，是壮族民间的传统文化活动，也是男女青年进行社交的场所。在壮语中被称作"窝墩""窝岩"，意为"出野外玩耍"。由于这种活动相互酬唱，彼此对歌，所以古代人之为"墩圩"。壮族歌圩，在长期发展的过程中有着许多动人的

传说。其中比较流行的是"赛歌择婿"的故事。传说在以前，有位壮族老歌手的女儿长得十分美丽，又很会唱山歌，老人希望挑选一位歌才出众的青年为婿。各地青年歌手纷纷赶来，赛歌求婚，从此就形成了定期的赛歌集会。

不过，据古代文献的记载，歌圩早在宋代就已经流行。南宋周去非的《岭外代答》载，壮人"迭相歌和，含情凄婉，……皆临机自撰，不肯蹈袭，其间乃有绝佳者"。这里所说的就是男女青年聚会的歌圩。到了明代歌圩又有了发展，定期在固定地点举行。

壮族歌圩有大有小，各地不一。不过，农历三月三最为隆重。搭彩棚、摆歌台、抛彩球、择佳偶，别有风情。在歌圩上，各村屯的男女青年，各自三五成群，寻找别村的青年，集体对唱山歌。通常由男青年主动先唱"游览歌"，观察物色对手；遇有比较合适的对象，便唱"见面歌"和"邀请歌"；得到女方答应，就唱"询问歌"；彼此互相了解，便唱"爱慕歌""交情歌"；分别时则唱"送别歌"，歌词随编随唱，比喻贴切，亲切感人，青年男女经过对歌后接触，建立一定感情，相约下次歌圩再会。

歌圩上，除对歌外，还举行丰富多彩的游戏活动。有精彩的抛绣球，有趣的碰红蛋，热闹的放花炮，以及演出群众喜闻乐见的壮戏等。

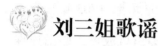 刘三姐歌谣

壮族是一个能歌善唱的民族。壮族人无论男女，从四五岁的童年时代就开始学唱山歌，父教子，母教女，形成幼年学歌，青年唱歌，老年教歌的习俗。

在农村，无论下地种田，上山砍柴，婚丧嫁娶，逢年过节或青年男女间的社交恋爱等，都用山歌来表达情意。有些地方甚至家庭成员之间的对话、吵架有时也以歌代言。唱歌几乎成为壮族民众生活中不可缺少的内容。人人能歌，个个会唱。因此，广阔的壮乡，被诗人称为"铺满琴键的土地"。

"如今广西成歌海，都是三姐亲口传。"壮族民间认为"歌圩"是刘三姐传歌才形成的，刘三姐是歌圩普遍形成的重要标志。歌圩的歌就是刘三姐的歌。刘三姐被广西民间视为"歌仙"，宜州市是刘三姐歌谣最有代表性的地区，被认同为刘三姐的故乡。

刘三姐歌谣大体分为生活歌、生产歌、爱情歌、仪式歌、谜语歌、故事歌及创世古歌七大类，它具有以歌代言的诗性特点和鲜明的民族

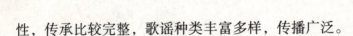

性，传承比较完整，歌谣种类丰富多样，传播广泛。

刘三姐是壮族民间传说人物。其传说最早见于南宋王象之《舆地纪胜》卷九十八《三妹山》。明清以来，有关她的传说与歌谣文献记载很多。壮族民间口耳相传的故事与歌谣更为丰富。

广西宜山壮族传说，刘三姐生于唐中宗神龙元年（703年），从小聪慧过人，能歌善唱，被视为"神女"。12岁即出口成章，妙语连珠，以歌代言，名扬壮乡。后曾到附近各地传歌。慕名前来与她对歌的人络绎不绝，但短则一日，长则三五天，个个謦腹结舌，无歌相对，无言以答，羞赧而退。然而她的才华却遭到流氓恶霸的嫉恨，后被害死于柳州。传说她死后骑鲤鱼上天成了仙。也有的说她在贵县的西山与白鹤少年对歌七日化而为石。还有的说财主莫怀仁欲娶她为妾，三姐坚决反抗，莫怀仁买通官府迫害三姐，三姐乘船飘然而去，等等。

虽然传说不一，但千百年来壮族人民对她的尊崇与热爱之情却是一致的。现在，广西很多地区都立有刘三姐的塑像或刘三姐庙。每当有新的壮歌集问世，必先捧一本供在她的像前。有些地方的歌圩，第一项议程是抬着她的像游行。

刘三姐歌谣在全国乃至全世界都产生了深远的影响，显示了中华民族民间传统艺术活态文化的魅力。它不仅具有见证民族历史和情感表述方式的文化史研究价值，还具有民族学、人类学、社会学、美学等方面的研究价值。刘三姐歌谣具有以歌代言的诗性思维方式的杰出性、扎根社区人文传统的鲜明的民族性、传承序列的完整性、歌谣种类的多样性及文化内涵的丰富性、传播的广泛性与影响的深远性等特征。

 # 彝族的"抢婚"习俗

四川凉山彝族自治州，是中国最大的彝族聚居区。20 世纪 50 年代以前，这里还处在奴隶社会。在奴隶主的统治下，奴隶完全失去人身自由，奴隶主可以自由买卖奴隶。一个女奴的身价值十五六只羊，十几个青壮年男奴隶还敌不上一匹好马的价值。在婚姻制度上，买卖婚姻是奴隶制婚姻形态的主要特征之一。

凉山彝族的婚姻形式，除包办婚姻外，还存在一些其他形式的婚姻形态，如姑舅优先婚（姨表不通婚）、转房制（兄亡弟娶其嫂）以及不落夫家习俗等均有流传。其中比较有特色的是抢婚习俗。

彝族的抢婚，分暴力抢婚与模拟抢婚两种。前者往往不经过媒聘，纯粹诉诸武力。抢亲后通过媒人说合，如果男女两家得到谅解，便可正式成婚；如果说合不成，也可能因此结下怨恨，有的甚至男女两家进行械斗，长期打冤家。这种暴力抢亲的习俗今天在彝族地区已很少见到。更多的情况下是模拟式的带闹剧色彩的"抢婚"。

正式婚娶时，还要演一出抢婚闹剧，但这次不是在女家，而是在娶亲途中。这天，新娘打扮一新，女家派人将她送至半路，男方家在

半路抢亲，抢婚变成一种交接仪式。

　　彝族居住在云南、贵州两省的约有三百多万人。居住虽然比较分散，但传统的婚俗却大同小异。抢婚习俗在云南、贵州彝族地区也有流传。云南彝族在姑娘出嫁的十多天之前，寨子里的青年男女早就做好了泼水准备。他们往往在娶亲者必经的路口上设卡，在那里钉下木桩，拴上绊索，几十桶水放在路边，迎亲者很难逃脱。一般来说，迎亲时的泼水是泼清水，就是十冬腊月也不能免去这一仪式。彝族认为，给迎亲者泼的水越多，将来的婚姻越幸福。

　　抢婚是一种古老的婚姻形式，最早是带有强制性的，到了后世才成为象征性的表演。另外，抢婚作为一种婚姻仪式，比较简单，所需要的彩礼也很少，所以多为家境贫寒者所采用。现代社会中自由婚姻增多，因此抢婚实际上已失去它原来的意义。

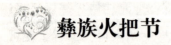

彝族火把节

　　彝族火把节是所有彝族地区的传统节日，流行于云南、贵州、四川等彝族地区。白族、纳西族、基诺族、拉祜族等族也过这一节日。

农历六月二十四日的火把节是彝族最隆重、最盛大、场面最壮观、参与人数最多、最富有浓郁民族特征的节日，更是全族人民的盛典。火把节多在农历六月二十四或二十五日举行，节期三天。

农历六月二十四日，北斗星斗柄上指，彝语支的民族都要过火把节，有的学者认为此节原系彝族十月历法的一个年节，火把节又叫星回节，俗有"星回于天而除夕"之说，相当于彝历的新年。因此又称过大年。在民间传说中，六月二十四日是率领彝族与残暴魔王恩体古孜战斗的英雄黑体拉巴与妻子妮璋阿芝双双遇难的日子。因此，彝族人为了纪念这一天，每年的农历六月二十四这天便要以传统方式击打燧石点燃圣火，燃起火把，走向田野，以祈求风调雨顺、来年丰收。人们载歌载舞，庆祝战斗的胜利，歌唱黑体拉巴的英勇和妮璋阿芝的聪明美丽。久而久之，便形成了彝族一年一度的火把节。

火把节的由来虽有多种说法，但其本源当与火的自然崇拜有最直接的关系，其目的是期望用火驱虫除害，保护庄稼生长。火把节在凉山彝语中称为"都则"，即"祭火"的意思，在仪式歌《祭火神》《祭锅庄石》中都有火神阿依迭古的神绩叙述。火把节的原生形态，简而言之就是古老的火崇拜，火是彝族追求光明的象征。在彝族地区，对火的崇拜和祭祀非常普遍，云南泸西县彝族在正月初一和六月二十四，由家庭主妇选一块最肥的肉扔进燃烧的火塘祈祷火神护佑平安。永仁县彝族在正月初二或初三奉行祭火，称作开"火神会"，凉山彝族把火塘看作是火神居住的神圣之地，严禁触踏和跨越。

火把节的主要活动在夜晚，人们或点燃火把照天祈年，除秽求吉，

或烧起篝火，兴行盛大的歌舞娱乐活动。节日期间，还有赛马、斗牛、射箭、摔跤、拔河、荡秋千等娱乐活动，并开设贸易集市。

火把节一般历时三天三夜，第一天为"都载"，意为迎火。火把节第二天为"都格"，意为颂火、赞火。火把节的第三天，彝语叫"朵哈"或"都沙"，意思是送火。

其中"都格"是火把节的高潮。天刚亮，男女老少都穿上节日的盛装，带上煮熟的坨坨肉、荞馍，聚集在祭台圣火下，参加各式各样的传统节日活动。成千上万的人聚集在一起，组织赛马、摔跤、唱歌、选美、爬杆、射击、斗牛、斗羊、斗鸡等活动。姑娘们身着美丽的衣裳，跳起"朵洛荷"。在这一天，最重要的活动莫过于彝家的选美了。年长的老人们要按照传说中黑体拉巴勤劳勇敢、英俊潇洒的形象选出美男子，选出像妮璋阿芝那样善良聪慧、美丽大方的美女。当傍晚来临的时候，成千上万的火把，形成一条条的火龙，从四面八方涌向同一的地方，最后形成无数的篝火，烧红太空。人们围着篝火尽情地跳啊唱啊，一直闹到深夜，场面盛大，喜气浓烈，故被称为"东方狂欢节"。当篝火要熄灭的时候，一对对有情男女青年悄然走进山坡，走进树丛，在黄色的油伞下，拨动月琴，弹响口弦，互诉相思。故也有人将彝族火把节称作是"东方的情人节"。

火把节期间举行传统的摔跤、斗牛、赛马等活动。这些活动，来源于英雄黑体拉巴战胜魔王的传说，这位英雄与魔王摔跤、角力，还教人点燃火把烧杀恶灵所化的蝗虫，保护了村寨和庄稼。为纪念这一事件，每年火把节，就要象征性地复演传说中的故事，渐渐成为节日活动的主要内容。

在中国少数民族传统节日中，彝族火把节是最具魅力的节日之一，享有"中国民族风情第一节""东方狂欢夜"的美誉。

 # 蜡染：民间"抽象画"

蜡染，古称蜡缬。我国西部民族民间传统印染工艺。源于春秋战国时期，流行于汉唐，兴盛于宋元。1987年在贵州安顺市平坝县桃花村苗族刘姓的一座洞葬群棺中，不但发掘了汉唐时代的陶釜和酒具，而且首次发掘了宋代彩色蜡染褶裙，灿然如新，图案为"鹭丝鸟纹"，款式与现代苗族褶裙相差无几。

安顺素有"蜡染之乡"的美誉，今北京故宫博物院就陈列有清代皇家宫廷珍藏的一幅安顺市郊苗族蜡染背扇扇面。

安顺蜡染实际上分为蜡画和蜡染两种形式。蜡画是用铜刀（蜡画工具）醮上高温加溶的蜂蜡，在白布上信手画出，花鸟鱼虫，江河湖泊，惟妙惟肖，栩栩如生，然后绘画者可根据自己的喜好，填以各种颜色即成。蜡染是将画好的作品通过防染、煮沸、去蜡、漂洗、花现，加之神秘莫测的冰纹，使蜡染更具抽象画派的韵味。蜡染在安顺苗族

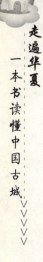
布依族妇女中，颇为盛行。苗族图案带有史书性质，似铠甲，像文字，或写意、或抽象，任随驰骋；布依族大多是图腾图案，有太阳纹、有云雷纹、有回纹、有铜鼓纹，连续对称，古朴典雅。蜡染布料常用作衣裙、围腰、床单、背扇、帐檐、挎包、帽子、时装。目前安顺蜡染已是中外游客追求的时尚。20 世纪 80 年代，以苗族民间艺人杨金秀为代表的一批批蜡画能手应邀出访欧美等地进行技艺表演，受到许多国际友人及专家的赞誉。

苗族的吊脚楼

位于黔东南地区的西江苗寨大都住在靠山面水的地方，因此造房时往往利用山坡倾斜度较大或者濒临水、沟的一侧，使屋的前半部分临空悬出，从而盖起比比皆是、大同小异的吊脚楼来。这里的居民建筑系木质结构，不用一钉一铆，房子框架由榫卯连接，依山势而成，建筑风格别具特色，形成独特的苗寨吊脚楼景观。吊脚楼层层叠叠，呈金字塔形。

苗寨吊脚楼的营造技艺远承 7000 年前河姆渡文化中"南人巢居"的干栏式建筑。据有关史籍载述："苗族多居山洞，结草为庐，以蔽

风雨。事起即建造岩墙木屋，耸以吊楼。"可见苗家吊脚楼由来甚久。

在历史沿革中苗家又结合居住环境的要求对吊脚楼加以改进。西江的造房匠师根据地形和主人的需要确定相应的建房方案，使用斧凿锯刨和墨斗、墨线，在30度至70度的斜坡陡坎上搭建吊脚楼。这种建筑以穿斗式木构架为主，因前檐柱吊脚，故而得名。

经过历代苗族能工巧匠的精心设计，不断加工装饰，吊脚楼更为古朴而实用，美观又大方，给苗乡山寨增添了绚丽色彩。

吊脚楼有半吊脚和全吊脚两种形式。屋基多以大表石垒而成。吊脚楼为歇山顶穿斗挑梁木架干栏式楼房，青瓦或杉木皮盖顶。

吊脚楼一般有三层，四榀三间、五榀四间、六榀五间成座，依山错落，次第鳞比。吊脚楼的三层，上层储谷，中层住人，下层围棚立圈，堆放杂物和关牲畜。住人的一层除卧室、厨房外，还有接待客人的中堂，宽敞明亮，中堂的前檐下装有靠背栏杆，形成一个木制阳台，既可凭高远眺，又可休息聚会。秋冬时节，金黄的苞谷，火红的辣椒，洁白的棉球等成串悬挂于楼栏和楼柱上，把小巧的吊脚楼点缀得缤纷绚丽，既不怕潮霉，又能防虫害，是天然的粮仓。

苗家吊脚楼，飞檐翘角，三面有走廊，悬出木质栏杆，栏杆上雕有万字格、喜字格、亚字格等象征吉祥如意的图案。悬柱有八棱形和四方形，下垂底端常雕绣球和金瓜等各种装饰。

上层室外为走廊，多为妇女女红劳作（绣花，挑纱，织锦）场所，或者观花赏月之处。黔东苗族吊脚楼的走廊上安有"美人靠"（苗语为"安息"），站在"美人靠"凭栏远眺，就能观赏山区风光，家乡景色。吊脚楼具有简洁、稳固、防潮的优点，还能节省耕地和建材。

苗寨吊脚楼连同相关营造习俗形成了苗族吊脚楼建筑文化，它对于西江苗族社会文明进程和建筑科学的研究具有极为珍贵的价值。保护好西江千户苗寨，也就是保存了一块研究苗族历史和文化的"活化石"。

摩梭人的"走婚"

有一块神秘的土地，有一个深邃如梦幻的湖泊，那就是滇西北高原的泸沽湖，这里世代居住着摩梭人。在那里，无论是一棵树、一座山还是一片水，无不浸染着女性的色彩，烙印着母亲的情感。于是，这里又被人们称誉为"当今世界唯一的母系王国""大山深处的伊甸园""上帝创造的最后一方女人的乐土"，那里已经成为一个现代人嘴里的神话、一个世人津津乐道的乌托邦。

泸沽湖，人们称为"女儿国"，最神秘之处就缘于这"走婚"二字。情爱生活，在那里是天经地义的事情，所以，又有人说那里是"爱的乐园"。千百年的岁月在那里缓缓流去，在庞大的母系部落中，摩梭儿女仍然乐此不疲地走在那条古老的走婚路上。走婚这种习俗，在泸沽湖北边的四川摩梭人中被称为"翻木楞子"，是指男子在夜间翻

越木楞房的壁缝，进入钟爱女子的花楼。在云南摩梭人中，称"走婚"为"森森"，可以理解为"走走"，即走来走去，晚上去是"走"，早上返回也是"走"，姑且就理解成"潇洒走一回"吧。

每到黄昏，脉脉夕阳的余晖铺在女神山上，当蜜一样的晚霞在天边闪耀时，归鸟的翅膀驮着湖光山色飞倦了，层层山峦铺满了阴影，夜晚即将笼住蓝色的梦。届时，在山边，或在湖畔弯弯的路上，你常常会看见那些骑马赶路的英俊男儿。他们戴着礼帽，脚着皮靴，腰间别着精美的腰刀，跨着心爱的骏马，怀里揣着送给姑娘的礼物，也揣着足够的自信和一腔不尽的情思，朝情人家悠悠走去。

走婚这种充满浪漫气质的婚姻形式，并非无根之木，它有自己独特的文化背景。在泸沽湖畔的摩梭人中，历来实行着母系大家庭的家庭模式，血缘以母系计，财产由女儿继承，出生的孩子只有母系血统的亲人，而没有父系血统的人，只有母亲的母亲及舅舅之类，还有母亲的兄弟姐妹和女性成员的孩子们，而没有叔伯、姑嫂、翁媳之类的成员。这样的格局必须靠着走婚制度来维系。家中的男子每到夜间就到情人家过夜，第二天黎明时分又回到自己的母亲家，实行着暮合晨离的走访婚，所生育的孩子归女方家抚养，他们只承担自己姐妹的孩子。所以，在家庭中，他们（即舅舅们）的地位仅次于母亲，在这样的家庭中实行"舅掌礼仪母掌财"的制度，男女情侣之间，没有太多的经济联系，除了互相赠送的一些定情物，并没有共同的财产，因为他们并不成立自己的小家庭，他们之间只有情感的联系，一旦双方感情破裂，男子不再上门夜访，或女子不再开门接待，这段情缘就算了结。双方也没有怨言和仇视，因为他们不必为经济发生纠纷，也不必

为孩子的抚养起纠葛，孩子历来由女方家庭承担抚养教育义务，从不靠父亲一方。分开后的男女仍可以寻访自己最中意的情侣。

在男女青年恋爱时，先是秘密的，随着感情的加深，才公开来往，一旦公开来往，就可以在黄昏时进入女方家，共进晚餐，还可与她们的家人一起劳动。无论男女双方是什么地位，有什么样的名声或来自何种家族，长辈从不干涉。因为有钱有权也罢，家庭显赫也罢，也不过是走婚，他们走婚后，财产和名声仍属于两个各自的家庭，与他们当事人没有太多关系。所以，他们只注重双方的感情。

在灿烂的星空下，在泸沽湖清波的荡漾中，人们仍在歌唱着历史，歌唱着爱情，仍在夜幕中信誓旦旦，在黎明时各奔东西。对外地的人来说，他们只能是一个谜团，因为只有那里才生长那种爱情，泸沽湖永远是一个爱的乐园。

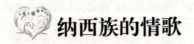

纳西族的情歌

高山云雪滋育了纳西人追求飘逸高洁的审美情趣，使他们执着地寻求一种超乎形之上的审美境界。表现在爱情上，和许多民族迥然不同的

是，纳西人很重视精神上的交往，颇有些像柏拉图式的"精神恋爱"。

纳西族青年男女的恋爱是自由而公开的，农历二月初八的东山庙会，是他们结识情人的日子。这天，小伙子们守候在路旁向赶庙会的姑娘讨食，姑娘馈赠的对象即是姑娘的中意之人，而小伙子对投桃之人并不急于报李，甚至不问姓甚名谁，家住何方，便满意而归。

六月火把节之夜，姑娘小伙子们举着火把在篝火明灭的河畔、泉边聚会，在庙会上一见钟情的人见面了，他们和大家在一起歌舞游乐，谈天说地，显示自己的修养和品格，巧妙地传达自己的情感，彼此心照不宣。在经过多次这样的集体接触之后，他们才单独约会。约会多选在村外，一对情人分隔在河两边，隔河传情，真可谓"盈盈一水间，脉脉不得语"。纳西青年男女婚前都严守精神恋爱规范，这种风习不知从何时一直沿袭至今。不过，精神恋爱与这个民族素、洁、雅的心理素质很吻合，因此道德的规范便成了一种美的规范。

从纳西族的情歌上，我们就可以了解这个民族独特的爱情审美观。这些情歌为恋人们规定了一种理想的爱情意境，创造一种纯情的氛围，使爱情得到一种美的规范和升华。

纳西族情歌《柏雪会》这样唱道："雪山六雪峰，高峰上三峰，低峰下三峰。上峰三峰雪，下峰三峰柏。柏雪常相思，相思情脉脉。柏叶依风吹，雪心化作液。雪液流为水，变鱼叶自碧……"叙述一对情人相会的经过，从不认识开始，一直到互相倾心，最后克服了一切困难，走向幸福美满的生活。开始时把柏叶比作男，雪比作女，雪化成水化成溪，柏叶落水中变成鱼，鱼水相依一齐顺流而下，经过险峻岩洞，逃避打水姑娘的水桶，经历千辛万苦，最后到达大海。海水波浪

翻腾，水变气成云，鱼腾云上天，水变成夜明珠，鱼变成一条青龙，最后一同进入天国。

《梦》是男女各述所梦，以表情怀。

（男）：藤扇招凉风，凉风入我怀。我怀何所思，愿与彼妹偕。彼妹在何许？山巅或水涯，相隔咫尺间，遇合胡多乖！

（女）：浣麻复浣麻，浣麻水之涯，流水飘素手，倩影如美霞。爱影频顾影，对影数年华。水影莫消灭，浣麻莫归家……

（男）：相思劳梦寐，梦到雪山头。化身为落叶，雪水卷叶流。落叶变青鲤，青鲤作龙游。龙游升上天，山溪梦自流！

（女）：相思劳梦寐，山雪梦消融。雪消依亦消，水气梦溟。溟漾复凝聚，凝聚绕苍穹。海天无尽处，云龙梦相逢。

从水中影到梦中花，从飘仙的白鹤到神游的蛟龙，从脉脉明月到朗朗星光，托琴韵传笛声，寓丹青寄白雪，梦中神会描绘得极尽情致，极其高雅和清丽。

纳西族的情歌雅正、秀丽，人们唱梦、唱雪、咏云、咏水，歌声那样迷离，那样遥远，没有热烈的呼唤，没有性的挑逗和暗示。歌唱者并不把自己摆进去，不求从感情到实际的满足，而像在从事一项艺术活动一样，在一定距离内沉醉、欣赏。

 # 独龙族的文面习俗

独龙族世居中国的西南边疆——云南省怒江傈僳族自治州贡山独龙族怒族自治县，绝大部分聚居于该县西部的独龙江两岸，小部分散居在该县北部的怒江两岸。独龙族人的文化、道德和审美观点都具有典型的原始特征。

独龙族妇女喜欢文面，因地区不同而文面的大小又有不同，北部喜欢大文面，南部喜欢小文面。北部是指独龙江的上江地区，妇女文面多是额部、两颊、下巴均刺花纹；南部是指独龙江的下江地区，文面只文颧骨及其以下，有的只文下巴两三道，如同男子留的小须。江尾地方和江心坡一带只文下巴两三道，有的地区已逐渐改掉这一习俗。独龙族文面的方法是在面部刺上若干成行的小黑点，没有花型，没有动植物图案。

文面是原始民族在生产力十分低下，物质极端贫乏的情况下，美化自己的一种尝试，虽较落后，但反映了他们对美的追求。

独龙族妇女文面的年龄多在十二三岁以后，有成年的意义。花纹

图案只有地区的差别，不是氏族和部落的标志，因此，一看花纹即知文者是何地人，但不知其是何氏族。独龙族妇女文面都自称是为了美，尤其认为妇女晚年，由于文面而不见皱纹，显得年轻不老。

独龙族人文面的方法各地基本一致，代别人文面的人都是有些经验的妇女，文面的时候代文的人用竹签蘸着锅灰；先在文者面部画出纹路，然后代文的人手持一根带针的树枝，一手持小棍，轻敲树枝刺破肉皮，每刺一行即拭去血水敷以拌好的锅灰水浆，过后面部略有肿胀，几天之后创口脱去干痂，留下一行行青色的斑点，便成为永远洗不掉的花纹。

《格萨尔王传》

传唱千年的史诗《格萨尔王传》，主要流传于中国青藏高原的藏、蒙、土、裕固、纳西、普米等民族中，以口耳相传的方式讲述了格萨尔王降临下界后降妖除魔、抑强扶弱、统一各部，最后回归天国的英雄业绩。

《格萨尔王传》是世界上迄今为止发现的史诗中演唱篇幅最长的，

它既是族群文化多样性的熔炉，又是多民族民间文化可持续发展的见证。这一为多民族共享的口头史诗是草原游牧文化的结晶，代表着古代藏族、蒙古族民间文化与口头叙事艺术的最高成就。

《格萨尔王传》讲述了这样一个故事：在很久很久以前，天灾人祸遍及藏区，妖魔鬼怪横行，黎民百姓遭受荼毒。大慈大悲的观世音菩萨为了普度众生出苦海，向阿弥陀佛请求派天神之子下凡降魔。神子推巴噶瓦发愿到藏区，做黑头发藏人的君王——格萨尔王。为了让格萨尔能够完成降妖伏魔、抑强扶弱、造福百姓的神圣使命，史诗的作者们赋予他特殊的品格和非凡的才能，把他塑造成神、龙、念（藏族原始宗教里的一种厉神）三者合一的半人半神的英雄。格萨尔降临人间后，多次遭到陷害，但由于他本身的力量和诸天神的保护，不仅未遭毒手，反而将害人的妖魔和鬼怪杀死。

格萨尔从诞生之日起，就开始为民除害，造福百姓。5岁时，格萨尔与母亲移居黄河之畔，8岁时，岭部落也迁移至此。12岁时，格萨尔在部落的赛马大会上取得胜利，并获得王位，同时娶森姜珠牡为妃。从此，格萨尔开始施展天威，东讨西伐，征战四方，降伏了入侵岭国的北方妖魔，战胜了霍尔国的白帐王、姜国的萨丹王、门域的辛赤王、大食的诺尔王、卡切松耳石的赤丹王、祝古的托桂王等，先后降伏了几十个"宗"（藏族古代的部落和邦国）。在降伏了人间妖魔之后，格萨尔功德圆满，与母亲郭姆、王妃森姜珠牡等一同返回天界，规模宏大的史诗《格萨尔王传》到此结束。

《格萨尔王传》塑造了数以百计的人物形象，是世界上最长的一部史诗，也是一部活形态的史诗。从《格萨尔王传》的故事结构看，纵向概括了藏族社会发展史的两个重大历史时期，横向包容了大大小小近百个部落、邦国和地区，纵横数千里，内涵广阔，结构宏伟。

史诗从生成、基本定型到不断演进，包含了藏民族文化的全部原始内核，在不断地演进中又融汇了不同时代藏民族关于历史、社会、自然、科学、宗教、道德、风俗、文化、艺术的全部知识，具有很高的学术价值、美学价值和欣赏价值，是研究古代藏族的社会历史、阶级关系、民族交往、道德观念、民风民俗、民间文化等问题的一部百科全书，被誉为"东方的荷马史诗"。

永恒的祭祀：敖包

敖包是萨满教神灵所居和享祭之地，为蒙古语音译，意为木、石、土堆。旧时遍布蒙古各地，多用石头或沙土堆成，也有用树枝垒成的，今数量已大减。敖包神被视为氏族保护神，祭敖包为重要祭祀仪式，于每年夏历六七月间举行，供奉羊、酒、奶酪，点火、焚香，由萨满跳神后，参加者将祭品分食。鄂温克等族也有类似的祭敖包仪式。藏传佛教传入蒙古地区后，萨满跳神一般已改为喇嘛念经，祭敖包不再

是纯粹的萨满教的祭祀活动。

敖包作为蒙古民族文化的代表形式之一，在媒体的传播下已达到家喻户晓、妇孺皆知的程度。一首《敖包相会》的蒙古族民歌，更是让敖包文化红透大江南北。

在无际的草原上，时时会看到用大小石块累积起来的巨大的石堆，上插有柳枝，此谓神树，神树上插有五颜六色的神幡。巨大的石堆矗立在草原上，鲜艳的神幡如手臂般召唤着远方的牧人，这就是敖包。

建敖包的地方多选择明快、雄伟且水草丰美的高山丘陵。敖包均有名称，其名大部分以所在之山名或地名定。敖包多设于山丘之上，或水泉边，多数用石块堆成，一般呈圆形，顶端围有柳条圈。在蒙古族心目中，敖包象征山神，外出远行，遇敖包必下马参拜，祈祷平安，并随手拣石添上。

每年农历五月，绿草遍野，燕子北归，本旗蒙古族开始祭敖包活动。牧民从四面八方云集于敖包下，用松柏、红柳、五彩花卉将敖包装饰起来，在敖包前摆设奶食品、"阿木苏"、糕点等供品，正面桌上摆放全羊。祭奠仪式由德高望重的长者主持，主持人亲自向敖包焚香、敬酒、献哈达、唱祭歌，并请喇嘛念太平经。此时，漫山遍野前来祭祀的人们跪伏于地，三拜九叩，默祷"山神保佑风调雨顺，五畜兴旺，无灾无病，万事吉利"。祭奠仪式完毕，主持人将供品分送大家享用。同时开始游戏。

鄂伦春族的萨满教

萨满教是在"万物有灵"观念支配下进行多神崇拜的精神现象，中国东北和西北地区许多民族在早年普遍存在着萨满教信仰习俗。鄂伦春族在长期地处祖国边陲的大兴安岭山区，从事较为原始的狩猎生产，过着平和稳定的民族生活过程中，也比较完整地保存了原始的萨满教多神崇拜习俗。

萨满，是满语，含有激动不安、狂怒之人的意思。萨满是从事萨满宗教活动的"巫师"，旧时被认为是沟通人与神的特殊使者而受到人们的尊崇。早年的萨满都是女性，后来萨满逐渐由男性取代。据说，只有出生时胞衣不破、患病由萨满治好或有过癫病的人，才能做萨满的继承人。萨满跳神，是早年十分重要的信仰活动。一般萨满都是有请而来，或是治病、或是祈福、或是氏族的祭祖仪式，表现出高超的表演能力。

萨满跳神一般都在晚上进行。围着一堆篝火，萨满大神全身披挂停当，闭上眼睛慢慢击鼓请神，旁观者鸦雀无声。不久大神全身抖动，鼓声加紧，继而鼓声大作，神衣上的法器相互振爆发出激烈的响声，表明此时"神灵"已完全附体。随后，大神即开始抑扬顿挫地唱着讲话，申明他是在代神而言。这时须有与他相配合的"二神"，鄂伦春语称作"扎日也"，从容地回答"神灵"的训问。当大神一一数点众多神灵，认为确是冲撞其中的某一位时，鼓声和舞步再次激烈加快，推向高潮。为表示要制服魔鬼神祟，萨满当场作法，或吞针、或吃炭、或刀砍手臂、或赤脚蹈火，最后急速旋转，发出"嘿嘿"的声音，然后突然倒在七八个彪形大汉的怀里，表示已降服魔祟，"神灵"离去。跳神仪式即告结束。

萨满有一套法衣、法具。他的"神帽"在鄂伦春语中称"萨满阿乌文"，用皮子做成，形状是圆形，套有黄色绣花布罩，顶端是铁丝弯成并用各色布套着的9个三角帽顶，上系铜铃和飘带，帽沿上有串珠和穗子。"神袍"，鄂伦春语称作"萨玛黑"，用犴皮或鹿皮缝制而成。神袍身长过膝，带有亮腰带、腰铃、垂到脚面的飘带，前襟后背披挂着铜镜，领口和袖口有云纹图案等各色装饰。"神鼓"，鄂伦春族称之为"乌托文"，是椭圆形的单面皮鼓，封面用狍皮或鹿皮制作。用前将它在火上烤过，使鼓面绷紧，这样鼓声更加清脆洪亮。鼓槌长约一尺，用狍腿皮包裹鹿筋制成。

鄂伦春人重大的祭祖活动"乌门那特恩"仪式中，萨满跳神的情景尤为壮观。在大片空地上点起数堆篝火，分路而来的萨满围着堆堆篝火旋转、跳跃、穿行，激烈地舞蹈、震天的鼓声、场内外的高声呼和……动人心魄。在其后的几天里，萨满们还要单独表演说、唱、跳以及其他魔术、功夫，在全氏族群众的围观评判下进行激烈的角逐竞赛，得胜者将获得族人的信服和拥戴。

由萨满教信仰，派生出鄂伦春族的多神崇拜习俗，上到天上的太阳神、月亮神、北斗七星"得劳恩"神、雷神……下到"白那恰"山神、"托奥博如坎"火神、虎神、熊神、狼神、鹿神……此外还有"阿娇懦"祖先神、"吉雅其"财神、"昭路"牲畜神、"居拉西柯依"灶神、"额得娘"天花病神、"尼其昆娘娘"麻疹病神，以及"毛木铁""阿尼罕"等偶像神，展示出丰富多彩的、与鄂伦春民族生产和生活息息相关的"神灵世界"。

参 考 文 献

[1] 李敬东，黄义军. 正在消失的中国古文明：古城[M]. 北京：国家行政学院出版社，2012.

[2] 张岱年, 方克立. 中国文化概论 [M]. 北京：北京师范大学出版社，2011.

[3] 程裕祯. 中国文化要略[M]. 北京：外语教学与研究出版社，2011.

[4] 余钊. 北京旧事[M]. 北京：学苑出版社，2000.

[5] 贾鸿雁. 中国历史文化名城读本[M]. 北京：化学工业出版社，2008.

[6] 侯仁之. 侯仁之讲北京[M]. 北京：北京出版社，2005.

[7] 辜正坤. 中西文化比较导论[M]. 北京：北京大学出版社，2007.

[8] 王军. 城记[M]. 北京：三联书店，2003.

[9] 邓云乡. 文化古城旧事[M]. 北京：中华书局，2004.

后　记

　　本系列图书以轻松活泼的语言，分十个专题介绍中国古代的历史文化，内容丰富，引人入胜，是一套理想的传统文化普及读物。本系列图书的编写和出版，离不开中国财富出版社领导的大力支持和编辑同志的辛勤工作，在此，谨向社领导和编辑同志表示由衷的感谢！

　　在本书的编写过程中，我们参考了大量的相关文献资料，引用了许多专家学者的著作和观点，我们已经征求了部分作者的同意并支付了稿酬，但其中一些资料来自互联网和一些非正式出版物，无法联系到原作者，敬请作者见书后及时与此邮箱联系：724176693@qq.com，我们将按照国家有关规定支付稿酬并寄送样书。